논리와 문화

가족과 함께 떠나는 논리 여행

논리와 문화

[이수석 지음]

철학과현실사

이 책을
제가 존재할 수 있도록 해주신 부모님께
바칩니다.
돌아가신 아버님은
가정과 식구들에게 냉정했으나
다른 사람들에게 너무나 따뜻했던 분입니다.
그리고 어머님은 참으로 눈물이 많으신 분입니다.
어머님! 감사합니다.
그리고 사랑합니다.^_^

■ ● ■

2003년 5월 8일 어버이날에
당신의 못난 아들이 올립니다

논리 여행을 떠나며

이 책은, 학교와 가정에서 생활하는 가운데 아이들의 자연스러운 질문을 받고 답해주면서 느꼈던 여러 가지 일들을 새롭게 꾸며서 만든 논리학 책, 곧 '가족과 함께 떠나는 논리여행' 시리즈입니다.

논리학의 학문적 대상은 언어입니다. 그리고 논리학을 공부하는 이유는 언어를 좀더 정확하고 바르게 사용하기 위해서입니다. 언어는 형식이고 약속입니다. 형식은 무엇을 나타내기 위한 방법이고, 약속은 지키기 위해 존재하는 것입니다. 사회적 약속인 언어가 자기 마음대로 제각각 사용되어서는 안 되겠죠. 그래서 논리학을 공부하는 것입니다. 언어를 잘못 사용해서 발생할 수 있는 오해와 갈등을 최소화하기 위한 것이죠.^^

먼저 세 권 가운데 첫 번째인 『논리와 문화』에서는, 언어로 자신을 나타내는 세계를 이해하는 내용을 담았습니다. 그리고 형식 논리학의 기본 법칙들을 다루었습니다.

이어 두 번째인 『논리와 생각』에서는 사물을 표현하는 형식의 일종인 언어를 사용하면서 범하는 오류를 일상 생활의 대화로 풀어 썼습니다. 역시 언어로 표현되는 세상을 이해하기 위해서 언어 일반의 이해도 다루었습니다.

끝으로 『논리와 대화』에서는 논리학에서의 판단론과 추리론을 다루었습니다. 그리고 우리가 살아가면서 접하게 되는 많은 이야기들을 토론과 토의 형식으로 다루었습니다.

세상에는 공부할 것이 너무나 많습니다. 느끼고 배워야 할 것들이 많습니다. 제 주변에 있는 풀 한 포기와 꽃 한 송이에서도 저는 감동과 희열을 느끼기도 했습니다. 또한 저는 주변 사람들에게서 참으로 많이 배우고 느끼며 삽니다.^-^ 이 자리를 빌어 저를 아끼고 사랑해주신 모든 분들께 감사의 말씀을 올립니다.

특히, 언제나 공부하고 노력하는 교사의 모습을 보여주시는 '역사'의 정현구 선생님. 그동안 읽은 책 내용을 서로 이야기하면서 전 많이 깨닫고 성장했습니다.^_^ 그리고 항상 재치와 유머로 직장 생활을 재미있게 만들면서도, 자신의 전공에서 만큼은 타의 추종을 불허하는 '한문'의 현희문 선생님. 선생님의 마라톤에 대한 열의 덕분에 제 건강이 좋아졌습니다.

게다가 컴퓨터 활용 지식이 없었더라면 이 책은 한참이 걸려서야 나왔을 것입니다. 언제나 풍부한 상식을 강조하는 '영어'의 송문규 선생님. 타인을 배려하는 선생님의 마음을 보고 느끼지 못했다면, 제 자신 아직도 철(?)이 덜 들었을 것입니다. 회식 자리에서 간혹 있었던 윤병언 선생님과의 대화. 비록 그 대화의 시간이 짧고 간단했지만, 선생님과의 대화는 혼란스런 제 머리 속을 정리해주는 맑고 깨끗한 공기와도 같았습니다.^^ 끝으로, 저를 위아래 구분할 줄 알게 하고, 자기 관리 잘 할 수 있도록 도와주시고 행동으로 일깨워주신 페루(?)의 한명호 선배님, 아니 형님! 정말 감사합니다.^_^

너무나 인사드릴 분들이 많군요.^^ 동산고의 교장, 교감 선생님 그리고 동산고 독서회 선생님들과 동료와 후배 선생님들. 타인에 대한 선생님들의 따뜻한 배려와 도움이 있었기에 저의 인생길이 나날이 넓어지고 깊어질 수 있었습니다.

다시 한 번 모든 분들께 깊은 감사를 드립니다.

2003년 7월 5일
동산고 교무실에서
이 수 석

차 례

첫째 마당 ■ 세계의 이해

둘째 마당 ■ 문화의 이해

차 례

셋째 마당 ■ 형식 논리학의 기본 법칙

첫째 마당

세계의 이해

이 세상은 한 권의 아름다운 책이다.
그러나 그것을 읽으려고 하지 않는 사람에게는
아무런 쓸모도 없게 된다.
—골드니아

인생의 상대는 돈이 아니다.
우리들의 상대는 인간이다.
—푸시킨

***본문에 나오는 그림에 알맞은 제목을 달아보세요.**
그리고 말풍선을 채워보세요.*^_^*

제 1 강

편지를 쓰면서

가 사랑하는 딸, 아들에게

아빠가 겨울 방학에는 재영이, 남규랑 종이 접기 배우러 같이 다니자고 약속을 했었는데, 그 약속을 지키지 못하고 있구나. 미안하구나. 하지만 아빠가 열심히 일하고 공부하러 다니느라 지키지 못한 약속이니, 용서해주렴.^&^

아빠는 2003년 1월 14일 화요일에 중국으로 여행을 떠나 상해(上海), 소주(蘇州), 항주(杭州)를 다니면서 많이 배우고 느꼈단다. 4박 5일간의 여행을 마치고 18일 토요일 밤 열한 시에 집에 도착하니, 너희들은 자고 있더구나. 내일 새벽에 또다시 여행을 떠나기에 이렇게 편지만 써놓고 간단다. 잠자는 너희의 모습은 정말이지 천사들 같구나.

아빤 일요일인 19일 오전 열 시 비행기로 인천국제공항에서 출발하는 방콕행 비행기를 타고 타일랜드로 갈 예정이란다. 그리고 프놈펜을 거쳐 불가사의(不可思議)♠한 앙코르와트를 여행하고 금요일인 24일께나 집에 올 계획이란다.

앙코르와트는 캄보디아에 있는 앙코르 왕조의 대표적 사원이란다. 이것은 12세기 중반경에 세워졌다고 하는데, 그 건축 양식이 참으로 아름답고 신비하기 때문에 사람들이 불가사의한 일이라고 말하기도 한단다.^_^* '앙코르'는 왕이 있는 도시를 의미하고, '와트'는 사원을 뜻한단다.

너무 많이 돌아다녀서 우리 남매들이 아빠 얼굴을 잊어버리지나 않을지 모르겠구나. 하지만 이 아빤, 우리 공주와 왕자님을 믿는단다. 왜냐 하면 너희들은 이제 모두 초등학교 4학년과 1학년들이니까 말이야.

너희들은 혹시 알고 있니? 이 아빠가 우리집 공주와 왕자, 그리고 왕비님을 얼마나 자랑스러워하는지 말이야!

자세한 것은 방콕에 도착해서 전화할게. 그럼 안녕!!

—2003년 1월 18일 밤 열두 시에 아빠가

1 밑줄 친 것처럼, 아빠는 무엇이 자랑스러울까요?

♠ '불가사의한 자연의 신비', '불가사의한 사건'처럼, 말로 나타낼 수도 없고 마음으로 헤아릴 수도 없는 오묘한 이치를 말할 때 쓰입니다. 그리고 상식적으로는 생각할 수 없는 이상야릇한 일을 말합니다.

[2] 여러분의 부모님은 여러분을 항상 자랑스럽게 생각합니다. 어떻게 생각하는지 여쭈어보세요.

[3] 그리고 여러분의 아버님이나 어머님이 여러분의 무엇을 자랑스러워했으면 좋을지 적어보세요.

[4] 왜 여러분은 하나인데, 여러분을 부르는 이름은 다 다를까요? 여러분을 부를 때 사용하는 호칭을 모두 적어보세요. 그리고 누가 언제 그렇게 부르는지도 말해보세요.

나 공부해서 남 주자

▿아빠 : 재영아, 이제 컴퓨터는 그만하고 공부해야지? 너무 게임만 하는 것 아니니?

▿재영 : 아빠, 30분만 더 할게요!

▿아빠 : 너 또 숙제 안 하고 일기도 쓰지 않고 컴퓨터만 하는 것 아니니? 아빠 공주가 스스로 알아서 잘하는 줄 알았는데……. 요새 보니까 늦잠도 자고, 일기 안 썼다고 아침에 난리고……. 아빤 자기 일은 스스로 알아서 하는 공주가 훨씬 더 좋던데.

▿남규 : 아빠, 누나는 혼자서만 컴퓨터해요. 공부한다면서 게임만 하고요.

▿아빠 : ^^그래, 남규도 속상했었구나. 이제는 너희들 둘이 서

로 약속을 해서 컴퓨터를 쓰도록 하렴. 남규가 30분, 그 다음 재영이가 30분, 이런 식으로 말이다. 그리고 게임만 하지말고 공부도 하렴. 공부해서 남 주니?

▿재영 : 아빠, 아빠는 지난번에 남 주는 공부니까 더 열심히, 더 정확하게 해야 한다고 하셨잖아요? 그런데 오늘은 왜 남 안 주니까 공부하라고 하세요? 왜 반대로 말씀하시는 거예요?

▿아빠 : 아빠가 그랬니?^^ 왜 그랬을까?^^;;

▿재영 : 아빠가 열심히 공부하고 책을 보는 이유는, 학생들에게 정확한 지식을 알려주기 위해서라고 하셨어요. 선생님인 아빠는 공부한 것을 오빠들한테 주기 때문에 나라에서 월급 받는 것이라고 했어요. 그래서 아빤 공부한 것을 남한테 주어야만 먹고살 수 있다고 하셨어요.

▿아빠 : 선생님인 아빠만 그럴까? 아니지요. 이 세상 모든 사람들이 공부한 것을 남한테 줘야 먹고살 수 있을 것 같아요. 그래서 사람들은 공부하는 것이고요.*^_^*

▿남규 : 누나 말이 맞아요. 저도 들었어요. 남한테 주는 공부는 더 정확해야 하고 더 열심히 해야 한다고 말이에요. 사람들이 회사에 나가서 일하는 것은 자기가 공부한 것을 회사를 위해 쓰고 있기 때문이잖아요.^_^;;

▿아빠 : 그래, 그랬구나. 아빠가 이제는 우리 공주님과 왕자님께 거짓말을 할 수가 없구나. 그런데 아빠가 학생들한테 설명한 것은 아빠 머리 속에서 사라질까요, 안 사라질까요? 아빠

가 공부한 것을 우리 남매가 빌려갈 수 있을까요? 아니 나쁜 사람들이 뺏어갈 수 있을까요?

▽남규 : 그럴 수는 없지요.

▽아빠 : 맞아요. 그래서 공부한 것은 남 주는 게 아니에요. 이 때문에 공부는 스스로 하는 거예요. 너희가 아빠가 공부한 것을 빌릴 수 없듯이 말이에요. 알겠어요?

▽재영 : …….

▽남규 : …….

▽아빠 : 『탈무드』란 지혜의 책을 갖고 있는 유태인들 알죠? 그들이 2000년 동안 나라 없이 유랑 민족으로 살면서도 자식 교육에 모든 힘을 쏟아부었던 이유는 무엇 때문일까요? 그것은 '총칼로 남의 재물은 빼앗을 수 있어도 머리 속에 들어 있는 지식은 빼앗지 못한다'는 것을 알았기 때문이에요. 그래서 그들은 자식들의 교육에 모든 정열을 쏟아부었어요. 사람이 죽지 않는 한, 공부한 것은 남에게 빼앗기지도 남에게 주지도 않아요. 아니 공부한 것을 남에게 주다보면, 공부한 지식과 지혜는 오히려 점점 더 늘어만 가요.^^ 선생님들과 교수님들을 보세요. 공부한 것은 절대 남 안 줍니다. 그런데 이 공부는 절대로 누가 대신해주는 것이 아니에요. 공부는 스스로 하는 거예요.

1 '공부해서 남 주자'는 말이 참인 이유와 그 예를 들어보세요.

2 '공부한 것은 남에게 주지 않는다'는 말이 참인 이유와 그

예를 들어보세요.

3 '공부는 스스로 하는 것'이라는 말의 의미는 무엇일까요?

4 위 글을 아빠, 공주, 왕자로 역할을 각각 나누어서 읽어보세요. 그리고 즉흥극도 만들어보세요.

다 세계의 해석과 이해 — '생각은 힘이 세다'

▽아빠 : 애들아, 돌멩이가 생각할 수 있을까요? 나는 어디에서 왔고 어디로 갈 것이라며 바람은 생각할 수 있을까요? 사자나 호랑이는 자기가 왜 살며 언제 죽을지 알까요?

▽남규 : 바위가 어떻게 생각을 해요? 바람도 생각할 수가 없지요? 아빤, 그것도 모르세요?^-^;;*

▽재영 : 그런데 아빠, 개가 주인을 보고 꼬리를 흔드는 것처럼 사자나 호랑이도 생각은 할 수 있을 것 같아요. 하지만 어떻게 살아야 하는지, 언제 죽을지는 생각하지 못할 것 같아요.

▽아빠 : 재영이가 누나답구나.^^ 그래요. 살아 있는 생명체들은 생각을 할 수 있다고 볼 수 있어요. 물론 정도의 차이는 있겠지만. 남규야! 사람하고 호랑이하고 싸우면 누가 이길까? 치타와 사람이 달리기하면 누가 이길까? 사람이 독수리보다 빠를 수는 없을까?

▽남규 : 사람이 어떻게 호랑이를 이겨요. 사람은 호랑이한테

잡아먹혀요. 그리고 사람이 어떻게 치타한테 이겨요? 치타는 동물들 중에서 가장 빠르다고 하던데. 독수리에겐 어림없죠. 사람이 날개가 있어요?

▿아빠 : 그렇지만 사람에겐 총이 있고 굉장히 빨리 나는 비행기가 있잖아? 그리고 우리집에도 자동차가 있잖아? 그럼 사람이 이길 수 있지 않을까?

▿남규 : 그건 비겁한 일이잖아요. 정정당당하게 자신의 힘만으로 대결해야지요.

▿아빠 : 남규의 이야기처럼 인간은 굉장히 약해요. 어쩜 아무나 꺾어버릴 수 있는 한 줄기의 갈대에 지나지 않는지도 모르죠. 자연 가운데 가장 약한 존재가 인간일 수도 있어요. 사람은 하늘을 날 수도 없고, 호랑이처럼 튼튼한 이빨도 없고, 물고기처럼 물 속을 빠르게 헤엄칠 수도 없죠. 정말이지 약한 존재가 인간일 거예요. 그런데 그 인간은 생각하는 갈대예요. 바람이 조금만 불어도 흔들거리는 갈대처럼 약하지요. 하지만 사람은 생각할 줄 알아요. 그래서 사람은 아주 약하면서도 그 어떤 동물보다도 강한 존재예요 ……. 그런데 남규는 물 없이, 공기 없이 살수 있어요?

▿남규 : 아니요.

▿아빠 : 바로 그거예요.^&^ 자연, 아니 우주가 인간을 죽인다 해도, 인간은 자신을 죽이는 우주나 자연보다 더 위대할 수 있어요. 왜냐 하면 인간은 자기가 죽는다는 것과 우주가 자기보다 힘이 세다는 것을 알기 때문이죠. 남규도 사자나 호랑이

가 사람보다 힘이 세다는 것을 알잖아요?^^ 하지만 우주는 그런 것을 전혀 모르고 있어요. 인간은 자신이 아주 약하다는 것을 알고 있는 존재예요. 그래서 인간은 자기의 약한 점을 강하게 만들기 위해서 생각을 하기 시작했어요. 그래서 새가 어떻게 나는 것일까, 물고기는 어떻게 수영을 저렇게 잘할까 따위를 생각하게 된 거죠. 그래서 총과 비행기 그리고 자동차를 만든 것이죠.

ᅙ재영 : …….

ᅙ남규 : …….

ᅙ아빠 : 이제 '인간은 생각하는 갈대'라는 말의 뜻을 알겠어요? 갈대는 아주 힘이 약한 인간의 육체를 말한 거예요. 그리고 생각한다는 것은 인간의 위대성을 나타낸 거예요. 그래서 그런 생각을 통해서 인간은 '발견(發見)'과 '발명(發明)'♠을 한 거예요. 비행기, 컴퓨터, 잠수함, 탱크 등을 말이에요. 그 덕분에 호랑이를 이길 수도 있고 독수리보다 빨리 날 수도 있는 거지요.

1 병아리도 생각이 있을까요? 왜 그렇게 생각하지요?

2 은행나무도 생각이 있을까요? 왜 그렇게 생각하지요?

♠ '신대륙을 발견하다', '새로운 별을 발견하다'처럼, '발견'은 이미 존재하지만 남이 미처 찾아내지 못하였거나 세상에 널리 알려지지 않은 것을 먼저 찾아낸 것을 말합니다. 그리고 '전화기를 발명하다', '특효약을 발명하다'처럼, '발명'이란 이제까지 없던 기술이나 물건 따위를 새로 생각해내거나 만든 것을 말합니다.^-^;;

3 나무와 바람과 돌멩이도 생각이 있을까요? 왜 그렇게 생각하지요?

4 사람이 호랑이나 독수리와 경쟁하면서 총이나 비행기를 사용하는 것은 비겁한 짓일까요? 왜 그렇게 생각하지요?

5 사람이 지금까지 생각을 통해 발명한 것들을 생각나는 대로 적어보세요.

제 2 강

전화를 하면서

가 지구촌의 시대

▿남규 : 여보세요? 아빠? 아빠 지금 어디세요? 왜 집에 안 들어오시는 거예요. 보고 싶단 말예요.

▿재영 : 정말, 아빠 어디세요? 왜 연락도 없어요. 엄마가 얼마나 걱정하신다고요.

▿아빠 : 정말?^^ 아빤 너희들 모두 보고 나왔는데. 그리고 편지를 써서 공주 책상 위에 올려놓았는데 …….

▿재영 : 책상 위에요? 잠깐만요? …… 아, 있어요.

▿아빠 : 그래. 아빠가 어제 집에 가서 ① 자는 너희들을 보고 인사한 다음에 밤 열두 시까지 쓴 편지야. 그리고 엄마랑도

이야기 많이 했는데 …….

▿재영 : 어제 오셨으면 왜 안 깨웠어요. 깨웠어야죠. 그리고 엄마는 왜 아무 말도 하지 않았지?

▿아빠 : 너희들이 아빠 소식 묻지 않으면 말해주지 말라고 했지 ……. 아빠 지금 삐쳤어요.

▿재영 : 저희들이 뽀뽀해드릴게요. 남규야 너도 와서 아빠한테 뽀뽀해.

▿남규 : 그런데, 아빠! 거기도 눈 많이 와요? 여긴 엄청 많이 와요 ……. 그리고 집엔 언제 오실 거예요?

▿아빠 : 어? 그래*^_^* 여긴 너무 더운데. 그래서 아빤 반팔 티셔츠와 반바지를 입고 있는데 ……. 이상하다.

▿재영 : 어떻게 그럴 수 있어요? 거긴 안 추워요? 여긴 겨울인데 …….

▿아빠 : 아빠가 있는 이곳 타일랜드는 언제나 여름 날씨예요. 평균 기온이 30도고 우리나라보다 다섯 배나 넓대요. 그런데도 이 나라 인구는 6800만 명밖에 안 된대요. 이곳의 날씨는 언제나 우리나라의 여름철과 같은 날씨예요. 그래서 최대 4모작까지 농사를 지을 수 있대요.

▿재영 : 모작이 뭐예요?

▿아빠 : 아하, '모작(毛作)'이란 쌀을 추수하는 것을 말해요. 모를 심은 뒤 벼가 자라서 쌀이 되면 수확하는 것을 1모작이라 해요.

▿남규 : 우와, 그럼 쌀을 네 번이나 거둘 수 있다는 거예요?

▽아빠 : 그럼.^^ 그런데도 이 나라 사람들은 우리나라보다 잘 살지 못해요.

▽재영 : 쌀을 많이 거둔다면서, 왜요?

▽아빠 : 글쎄다?^^ 여러 가지 이유가 있겠지. 하지만 이 나라 사람들은 정말이지 행복하게 살고 있단다. 행복 지수가 인도에 이어 두 번째라고 하더구나. 그래서 그런지 이 나라 사람들의 웃음은 '미소의 끝(end of the smile)'이라고 부를 정도로 얼굴 표정엔 늘 아름다운 미소를 가득 담고 있단다. 이 나라는 한국에서 비행기로 다섯 시간 30분 거리의 남쪽에 있단다. 그리고 시간은 한국 시간보다 두 시간 느리단다. 재영아, 지금 몇 시지?

▽재영 : 다섯 시 30분요.

▽아빠 : 여긴 세 시 30분이야. 아빤 지금 점심을 먹고 버스 타고 캄보디아로 넘어가고 있어요.

▽재영 : ② 거짓말하지 마세요. 어떻게 그럴 수가 있어요?

▽남규 : 맞아요, 아빠. 어떻게 시간이 빠르고 늦을 수가 있어요? 시간은 전 세계 사람들이 다 똑같이 쓰는 거잖아요?

▽아빠 : 하하, 거짓말 아니에요. 정말 여기 시간은 세 시 30분이에요. 그리고 ③ 시간은 전 세계 사람들이 다 똑같이 쓰는 것이기도 하지만, 전 세계 사람들이 다 다른 시간을 갖고 사용하기도 해요. 자세한 것은 집에 가서 아빠랑 공부하기로 해요. 그리고 재영, 남규에게 아빠가 숙제 하나 낼 게요. 아빠 방에 있는 지구본에서 타일랜드와 캄보디아가 어디 있는지

찾아보세요. 그리고 그 나라들이 한국보다 위에 있는지 밑에 있는지도 확인해보고 말이에요. 자세한 것은 아빠가 재영이의 이메일로 편지 보낼 테니까 남규랑 같이 읽어보세요. 그리고 질문을 해요. 그럼 아빠가 한국에 가면 보도록 해요. 아참, 재영이가 아빠 메일을 읽어보고 답장을 써준다면 아빤 더 힘이 날 거예요. 그리고 엄마 좀 바꿔줄래! 사랑해요. 아빠 새끼들.^^

▿재영 : 저도 아빠 사랑해요.

▿남규 : 미투!^^

▿엄마 : 애들하고 통화했으면 되었지 ……, 뭘 또 날 바꿔달라고 해요. 밥은 잘 먹고 다녀요? 음식이 잘 안 맞는다고 사람들이 그러던데.

▿아빠 : 당신도 알다시피 내가 생활력이 강하잖아! 내 걱정은 하지마 ……. 다만, 당신한테 미안할 뿐이지 뭐 ……. 오늘 아침에도 보았지만, 다시 당신 보고싶다?^^ 정말 살아가면서 당신을 더욱더 사랑하는 거 같아. 나 없는 동안 어떻게 지냈어?

▿엄마 : 국제 전화잖아요. 전화 요금 많이 나와요 …….

▿아빠 : 무뚝뚝하기는 ……. 여보! 사랑해! 그 말하려고 바꿔달라고 한 건데 …….

▿엄마 : 몸조심해요. 객지 나가면 고생이라던데 ……, 나도 사랑해요.^^_^^

나 지구촌의 이해 — 생각하고 문제풀기

1 위 글을 읽고 다음의 물음에 답해보세요.

(1) 밑줄 친 ①처럼 아빠나 엄마가 들어오시기 전에 잠을 잔 적이 있나요? 어떤 상황에서 어떤 일 때문에 아빠나 엄마가 늦게 들어오셨지요? 그리고 잠자는 여러분에게 아빠나 엄마가 인사하는 것을 느낀 적이 있나요?

(2) 밑줄 친 ②처럼 과연 아빠는 거짓말을 한 것일까요?

(3) 밑줄 친 ③의 의미는 무엇이며, 과연 그럴 수 있을까요?

(4) 지금까지 살아오면서 자신을 사랑하는 사람(부모나 형제자매 또는 친구)에게 먼저 전화를 한 적은 없습니까? 전화를 했건 안 했건 간에 잠시 책 읽는 것을 멈추고 그 사람들에게 문자 메시지나 전화를 하도록 합시다. 혹시라도 사과할 사람이 있다면 그 사람에게도 메시지를 보내거나 전화를 하도록 합시다.

2 다음 글을 읽고 물음에 답해보세요.

인간은 귀가 두 개이고 입이 하나입니다. 아니 모든 동물들은 귀가 둘이고 입이 하나입니다. 왜 입이 하나고 귀가 두 개일까요? 이 세상에 입이 둘이고 귀나 하나인 동물들이 있을까요? 세상 모든 동물들은 입이 하나이고 귀가 둘입니다. 쥐 · 고양이 · 개 · 기린 · 얼룩말 · 사자 · 호랑이 등등 그 모든 동물들은 귀가 둘이고 입이 하나입니다. 이것은 이들 모든 동물들이 자연에 순응하면서 살기 위해서입니다. 아무리 강한 짐승이라 할지라도 천하무적(天下無敵)은 존재하지 않습니다. 사자도 병들게 되면 자신보다 힘이 약한 동물들에게 잡아먹힙니다. 이들 동물 중 가장 약한 쥐는 고양이에게 잡아먹히지 않기 위해서 귀가 두 개입니다. 말하기보다는 듣기를 잘해야 살아남을 수 있지요.^^)^^

인간도 역시 귀가 둘이고 입이 하나입니다. 인간은 사회생활을 합니다. 그리고 사회 생활에서 가장 중요한 것은 의사소통을 위한 언어 생활입니다. 또한 언어 생활에서 가장 중요한 것은 말하기보다는 듣기를 많이 하라는 것입니다. 귀가 둘이고 입이 하나인 것은 한 번 말하기 전에 두 번을 들으라는 자연의 말입니다.*^-^*

훌륭한 대화에서는 주고받는 것이 많습니다. 당신이 아무리 어떤 이야기를 잘한다 할지라도 말을 아끼십시오. 만일 당신이 그 대화를 지나치게 독점한다면, 당신 말을 듣는 사람은 불안하게 될 것입니다. 다른 사람들에게도 그들의 견해와 생각을 표현할 기회를 주십시오. 그것이 대화에서 지켜야 할 예절입니다. 말하기보다는 듣기를 잘하십시오. 그것이 자연이 준 지혜에 따라 사는 것입니다.*^-^*

(1) 왜 모든 동물들은 입이 하나고 귀가 두 개일까요?

(2) 왜 밑줄 친 것처럼 해야 할까요?

'제목: '

다 세계의 해석과 이해 — 전화기의 발명

▿재영 : 아빠! 전화기는 누가 어떻게 만든 거예요?

▿아빠 : 벨이었지?^^ 멀리 떨어진 사람에게 말을 전하려고.

▿재영 : 어떻게 만들었어요?

▿아빠 : 멀리 떨어진 사람에게 말을 전하려는 노력은 아주 오래 전부터 있어왔지. 그러던 것을 1837년에 미국의 페이지란 사람이 전화의 원리를 체계화시켰지요. 그리고 지금 우리가

사용하는 전화기를 만든 사람은 영국의 알렉산더 그레이엄 벨이었단다. 재영이는 남규랑 전화 놀이 해봤지요? 그 전화기를 어떻게 만들었지요?^_^;;

▿재영 : 종이컵 두 개를 기다란 실로 연결해서 실 전화기를 갖고 놀았어요. 이쪽에서 한 말이 실을 타고 건너가 저쪽에서 들렸어요. 아빠, 그런데 어떻게 실을 타고 목소리가 건너가요?

▿아빠 : 실이 전화선이기 때문이지. 그리고 종이컵은 수화기고.^^ 종이컵에 대고 말을 하면 종이컵 바닥의 진동이 실을 타고 상대방의 종이컵까지 도착하지요. 전화기도 마찬가지예요. 수화기에다 말을 하면, 수화기 안에 있는 얇은 알루미늄 진동판이 울려요. 이 진동판에서 울린 진동은 다시 전기 신호로 바뀌어 전화선을 타고 멀리 가게 되죠. 실을 타고 목소리가 흘러가는 것과 같지요.^^ 그리고 전화선을 타고 상대방 전화기에 도착한 전기 신호는 다시 진동판을 울려 소리로 바뀌지요. 그럼 상대방은 수화기를 통해 처음의 목소리를 들을 수 있게 되는 거예요.

▿재영 : 아빠! 그럼 전화 번호를 누르면 왜 소리가 다 달라요?

▿아빠 : 전화기 버튼을 누르면 1번, 2번, 3번 …… 들이 제각각 소리가 다르죠? 그것은 버튼을 누를 때 각 버튼에서 발생하는 파형이나 주파수가 다르기 때문이에요. 또 그래야만 상대편이 어떤 버튼을 눌렀는지 알 수 있겠지요. 이 주파수와 파형을 읽어서 교환기가 자동으로 원하는 전화 번호와 연결하

여 통화가 되는 거예요. 조금 어렵지요? 그러면, 전화기의 원리는 종이컵 전화기의 원리와 같다는 것만 알아두세요.

1 아래 상자 속의 낱말 가운데 연결되는 것을 골라 괄호에 써넣으세요.

• 전화기 • 수화기 • 전화선

➡ 종이컵(　　) 실(　　) 실로 연결된 종이컵 두 개(　　)

2 우리가 장난하거나 놀이하는 것들을 토대로 이루어진 발명품들이 있습니다. 어떤 것들이 있는지 괄호에 써보세요.

(1) 돋보기를 가지고 불 피우기 (　　　　　　　　)

(2) 책받침을 문질러서 나오는 마찰열로 머리카락이나 종이를 마술처럼 책받침에 붙이기 (　　　　　　　　)

⬅ [해답]

1 수화기, 전화선, 전화기 2 (1) 태양열,전기, 전자총 (2) 마찰열을 이용한 것들.^^

제 3 강
메일을 보내면서

가 전자 통신 시대

사랑하는 재영이와 남규에게 —

아빤 지금 캄보디아에 와 있단다. 이곳의 날씨는 연중 32도고 우리나라로 치면 언제나 여름인 셈이지. 사람들은 먹을 것이 없어서 아빠가 타고 온 관광 버스가 멈추면 배고픔에 찌든 아이들이 구걸을 한단다. 아빠에게 먹을 것을 달라고, 돈을 달라고 손을 벌리고 있단다. 저기 한 일곱 살쯤 되어보이는 여자아이는 세 살 된 남자아이를 안고서 아빠에게 손을 벌리는구나. 재영이와 남규 생각이 나서 아빠는 그 아이들이 먹을 것을 살 수 있도록 1달러를 주고 왔단다. 그런데 관광 가이드는, 아빠가 주는 1달러 때문에 되려 저 아이들의 장래를 망친다고 화를 내는구나. 행여 저 아이들의 독립심을 빼앗을 수도 있기 때문이라고 하더구나.^^)^^ 하지만, 그 아이의 눈을 본 아빠는 그만 그 아이에게 다시 5달러를 더 주고 말았단다. 그 아이들에게 급한 것은 우선 먹고살 식량이라고 생각했거든.^_^ 5달러라면 그 아이 둘이 일주일은 최소한 먹고살 수 있는 돈이란다.

이곳 사람들은 한국 사람들보다 못산단다. 부자와 가난한 사람의 차이가 너무 심하기도 하단다. 아주 잘사는 사람은 고기 반찬에 하루 세 끼, 네 끼를 먹고, 먹다가 맛이 없으면 그 많은 음식들을 버리기도 한단다. 그런데 많은 사람들은 하루 세 끼를 채 먹지 못하고 생활한단다. 또 많은 사람들은 일자리가 없어서 관광객들이 오면 구걸하면서 생활하고 있단다. 한쪽은 먹을 것이 남아서 버리고, 또 다른 곳에서는 먹을 것이 없어서 버려진 음식들을 주워먹으며 힘겹게 살고 있는 셈이지.

① 아빠가 재영이와 남규가 밥을 먹다가 남기면 화를 많이 내지요? 엄마가 필요 없이 많은 음식을 해서 버리면 또 화를 내지요? 왜 그런지 알겠어요? 재영이와 남규도 아빠가 보는 저녁 아홉 시 뉴스 때 보았을 거예요. 북한 어린이들이 배고파서 땅에 떨어진 음식을 주워먹는 걸 말이야.^_^;; 우리가 버리거나 남긴 음식은 우리가 죽어서 저승에 가면 먹기 싫어도 다 먹어야 한다고 부처님이 말했데요.^^ ② 어쩜 남규는

저승에 가면 배 터져 다시 죽을지도 몰라요.^^ 자신이 잘못한 것을 깨달았으면 빨리 고쳐야겠지요? 아빠 믿어요. 둘이 나쁜 버릇을 고칠 것이라는 사실을 말예요.

아빠 지금 타일랜드와 캄보디아의 국경에 와 있단다. 도랑을 사이에 두고 도랑의 이쪽은 그래도 비교적 잘 사는 타일랜드고, 도랑의 저쪽은 10여 년간의 내전(內戰)과 킬링필드♠로 엉망이 된 캄보디아란다. 도랑의 폭은 4미터 정도 되는데, 그 4미터를 사이에 두고 천국과 지옥이 나눠지고 있단다. 타일랜드 쪽은 그래도 먹고살 수 있는 쪽이지만, 캄보디아 쪽은 구걸해서 먹고산단다.

우리 한반도는 아직도 남과 북이 갈라져서 대치 상태인데, 언젠가는 통일을 이루어야 할 것이고, 그 일들은 재영이와 남규가 열심히 공부해서 이루어야 할 것 같구나.

앙코르와트라는 불가사의한 유물을 갖고 있는 캄보디아, 우리나라보다도 훨씬 더 좋은 땅과 지하 자원을 갖고 있는 캄보디아가 오늘날 이처럼 못살게 된 이유는, 10여 년간의 내전과 킬링필드라는 대학살이 있었기 때문이란다. 특히 모든 지식인들은 그때 다 죽었다 해도 지나친 말이 아니란다. 어느 정도로 무참하게 죽였느냐 하면, 뒤에서 갑자기 "헬로

♠ 킬링필드(Killing Field) : '죽음의 들판'이란 뜻으로, 캄보디아에서 있었던 대량 학살을 말합니다. 독재자 폴포트가 이끄는 크메르루즈군(軍)이 캄보디아를 공산화한 후, 자기들의 정책에 반대하는 세력과 지식인들을 반동이라고 몰아세워 죽인 것이지요. 이때 무참하게 학살된 사람이 무려 전 국민의 4분의 1인 200~300만 명에 달한다고 합니다.

우!(Hello!)"라고 불러놓고 뒤돌아보면 곧바로 죽일 정도였단다. 영어를 알아들었기 때문에 지식인으로 판단해서 죽여버린 거지.

이렇게 지식인들을 죽였기 때문에, 지금의 캄보디아는 그 나라의 장래를 계획하고 지하 자원을 개발할 지식인이 없다고 하더구나. 그 때문에 우리나라보다 훨씬 풍부한 지하 자원과 넓은 땅을 갖고 있어도, 그것을 개발하고 이용할 사람들이 없기 때문에 이렇게 못살고 있다고 하더구나.

이런 면에서 보면 '아는 것이 힘이다(Knowledge is power!)'라고 말한 베이컨♠이란 영국 철학자의 이야기는 정말이지 참이고 진리라고 할 수 있단다. 아는 것이 힘이고, 그 힘이 많으면 많을수록 우리나라는 지금보다 더 잘사는 세상을 만들 수 있다는 생각이 들더구나.^^)^^

아빠, 재영이와 남규가 열심히 공부해서 이 세상에 배고파서 굶어죽는 사람이 없게 하고 서로서로 도우며 살 수 있는 세상을 만드는 데 힘을 쏟는 사람이 되었으면 좋겠다. 그리고 남한과 북한이 통일해서 더욱 잘 먹고 잘 사는 세상을 만들었으면 좋겠다.

밤이 늦었구나. 아빠 오늘밤에도 대학교 때 공부하면서 고민했던 문제를 풀기 위해 고민중이란다. 그것은 ③ '약한 자

♠ 베이컨(Bacon, Francis : 1561～1626) : 영국의 철학자이자 정치가로서, 주요 저서로는 『학문의 진보』(1605), 『노붐 오르가눔』, 『뉴 아틀란티스』(1627), 『수필집』(1597) 등이 있습니다.

힘 주고 강한 자 바르게 사는 세상'이란 어떤 세상이며, 어떻게 하면 이룰까 하는 것이지.

재영이의 답장을 기다리며 이만 줄이마. 안녕! 꿈속으로 아빠가 찾아갈게!

1 밑줄 친 ①처럼 아빠가 화를 내는 이유는 무엇일까요?

2 아빠는 왜 밑줄 친 ②처럼 말했을까요?

3 밑줄 친 ③의 사회는 어떤 사회인지 말해봅시다.

나 문제 해결의 다양성①

'1 + 1 = 2'가 맞을까요? 왜 1 + 1 = 2일까요? 한 방울의 물과 또 한 방울의 물을 합치면 두 개의 물방울이 될까요? 왜 1 + 1 = 2가 될까요? 이제 수학 문제 푸는 것을 생각하면서 다음과 같은 문제들을 주어진 조건대로 풀어보세요.*^-^* 생각하는 것도 운동과 같아서 사용하면 할수록 힘이 세어지고 강해지는 것입니다. 이제 여러분이 익히 알고 있는 수학 문제들을 가지고 바꿔 생각해보기 훈련을 해보기로 하겠습니다.

아래의 간단한 연산 문제에서 +는 ×로, ×는 +로, −는 ÷로 ÷는 −로 생각하십시오. 제한 시간은 3분입니다.

①8 + 3 = (　　) ②7 + 6 = (　　) ③8 − 4 = (　　)
④8 × 6 = (　　) ⑤7 × 7 = (　　) ⑥6 ÷ 5 = (　　)
⑦9 ÷ 1 = (　　)

다 세계의 해석과 이해 — 컴퓨터의 발명

▿아빠 : 만약 컴퓨터가 없다면 어떻게 될까요?

▿남규 : 말도 안 돼요. 컴퓨터 없이 어떻게 살아요? 심심해서 못 살아요.

▿재영 : 그래요. 컴퓨터가 없으면 음악도 들을 수 없고, 공부도 할 수 없고, 그림도 못 보내고 채팅도 못 하잖아요. 컴퓨터 없인 못 살아요. 그런데 왜 물어보신 거예요?

▿아빠 : 아니 니들이 컴퓨터에 대해서 얼마나 아는지 궁금해서.^^ 재영이의 말이 사실이라면 컴퓨터가 없던 시절의 사람들은 어떻게 살았을까?

▿재영 : 그거야 다른 놀이를 하면서 살았겠지요.

▿남규 : 아빠! 컴퓨터는 누가 만들었어요? 삼보, 삼성 이런 거 말고 제일 처음 만든 사람요. 그리고 왜 만들었어요?

▿아빠 : 남규는 컴퓨터가 그렇게 좋아? 만약 컴퓨터가 없다면 달나라까지 거리 계산과 연료 등의 계산은 어떻게 했을까? 그리고 복잡한 계산은 어떻게 했을까?

▿남규 : …… 아빠, 컴퓨터는 누가 만들었어요? 그리고 왜 만든 거예요?

▿아빠 : 아빠가 먼저 질문했는데.^^ 컴퓨터는 1946년에 미국의 펜실베니아대에서 머클리와 에커트란 사람이 발명했대요.*^-^* 그들은 미국 정부의 지원 아래 미사일이 날아가는 탄도표나 일기 예보, 원자 에너지 계산, 우주 광선 연구 등에 필요한 군사용으로 개발했대요.

▿남규 : 왜요?

▿아빠 : 정확하고 빨리 계산하고 싶었던 게지. 그래야 다른 나라보다 새로운 무기를 개발할 수 있으니까. 물론 나라의 예산을 세우고 집행하기 위해서도 발명한 것이고.

▿재영 : 그건 또 무슨 말씀이세요?

▿아빠 : 재영아! 재영이는 용돈을 받으면 무엇에 얼마를 쓸 것인지 계획을 세우지?

▿재영 : 예.

▿아빠 : 그런데 그것이 아빠와 엄마의 가정 살림이라면 조금 복잡해지겠지요?

▿재영 : 예.

▿아빠 : 더 나아가 학교 재산이나 국가의 돈을 어디에 얼만큼 사용할 것인지 계획하고, 또 사용한 것들을 계산하려면 엄청 힘들겠지요? 그래서 과학자들은 어떻게 하면 더 빠르고 정확한 계산을 할 수 있을까 모색하게 된 거예요. 이 때문에 컴퓨터를 발명한 것이란다.^^_^^ 재영이는 수학 시험을 보면 선생

님이 채점하지요. 채점할 때는 맞는 것과 틀린 것을 구별해서 점수를 주지요.^^ …… 이처럼 맞는 것은 '참', 틀린 것은 '거짓'으로 나타낸 것이 컴퓨터란다. 컴퓨터는 2진법을 쓰지요. 맞으면 '0' 틀리면 '1'로 나타낸 거예요. 이처럼, 컴퓨터는 2진법으로 모든 것들을 나타낸단다.

▿재영 : 아빠, 어떻게 '0'과 '1'로 모든 것들을 나타낼 수 있어요? 동영상도 있고 그림도 있고 말도 있고 음악도 있는데 말이에요.

▿아빠 : 그 2진법을 끊임없이 많이 작동하면 되지 …….*^^*

1 컴퓨터는 왜 만들었을까요?

2 컴퓨터로 할 수 있는 일들을 말해봅시다.

3 컴퓨터로 할 수 없는 일들을 말해봅시다.

제 4 강

세계는 넓다 : 시간과 날씨

가 사랑은 주고받는 것

보고 싶은 아빠께.

아빠의 메일을 잘 읽었어요. 아빠 말씀처럼 정말이지 열심히 공부할게요. 그래서 남북한이 통일할 수 있도록 노력하겠어요. 하지만 아직도 모르겠어요. 어떻게 세상 사람들이 똑같은 시간을 사용하기도 하지만 다 다른 시간을 갖고 생활하는지. 그리고 이곳은 추운 겨울인데, 아빠가 여행하고 있는 그곳은 어떻게 여름 날씨인지요.^^)^^

아빠!

그곳 사람들은 무슨 말을 써요? 아빤 어떻게 그 사람들하고 이야기를 나눌 수 있어요. 또 아빤 어떻게 중국 사람들하고 말을 할 수 있었어요? 도대체 아빠는 어떻게 그 나라 사람들하고 이야기할 수 있어요? 말이 안 통하잖아요?

궁금한 것들이 너무 많아요. 그런데 물어볼 사람이 없어요. 엄마는 너무 바빠서 일찍 출근하고 늦게 퇴근해요. 그리고 할아버지 할머니는 설명을 잘 못해주시고 ……. 아빠가 빨리 왔으면 좋겠어요. 그래야 저랑 이야기도 나누고 제 궁금증도 풀어주잖아요.

엄마가 그러시는데, 여행 떠나면 다 고생이래요. 아빠 몸조심하시고, 많이 느끼고 배우고 오세요. 아빠 사랑해요. 제가 뽀뽀해드릴게요.^^ 아빤 남규와 제가 뽀뽀해주면 힘이 난다고 했잖아요. 그럼 아빠 건강하게 돌아오세요.

우리 예쁜 공주 재영이에게.

정말이지 화가 나기도 하고 조금은 짜증이 나기도 하겠구나. 하지만 재영이는 이 아빠를 알고 있잖니? 언제나 배우려고 다니는 것을 말이다. 재영이는 『그리스 로마 신화』 만화 열 번 읽기로 약속했었는데 ……. 재영이가 열심히 공부하는 것처럼 아빠도 열심히 공부한단다.^^

재영이의 질문에 대해서 먼저 이야기하마.

시간과 날씨 문제는 간단하단다. 어떻게 설명을 할까? 아, 그래! 아마 아빠가 재영이와 남규를 데리고 우리나라 강원도 지역으로 여행 갔을 때였지. 그때 1미터를 사이에 두고 한

쪽은 눈이 왔는데, 1미터 앞에는 눈이 오지 않았던 때가 있었지? 그리고 전라남도 지역으로 갔을 때는 이 쪽은 비가 오는데 저 쪽은 비가 오지 않았던 적도 있었지?^^ 그게 바로 지형적 기후차라는 거란다. 한국에서도 이런 차이가 있는데, 이 지구는 어떨까? 아프리카는 항상 여름 날씨고, 북극과 남극은 언제나 겨울이라고 하지 않니? 이 아빤 지금 한반도의 아래쪽에 위치한 나라에 와 있단다. 그러니 어떻겠니?

아빠가 여행하면서 느낀 것은 세상은 참으로 넓고, 우리가 할 일이 정말 많다는 것이란다. 세상이 넓다는 것은, 한국은 겨울인데 비행기로 여섯 시간 정도 아래로 날아온 이곳은 여름이라는 사실을 보더라도 실감할 수 있단다. 너무 더워서 아빠는 아주 짧은 반바지와 반팔 티셔츠와 샌들을 신고 앙코르와트 사원을 관람했지.^^

다음은 '시간'에 대해서 이야기하도록 하마. 우리나라 사람들이 과거에 사용했던 시간은 하루가 24시간이 아니라 12시간이었단다. 왜 재영이가 아빠에게 물어본 것 있잖니? 아빠는 용띠고 엄마는 원숭이띠, 남규는 쥐띠 그리고 재영이는 닭띠라는 것 말이다. 그 태어난 띠를 갖고 우리 조상들은 시간으로 사용했단다. 이것을 간지(干支)라고 한단다. 간지는 10간(干)과 12지(支)를 나타내는 거란다.^-^* 10간은 자연에 있는 나무[木] · 불[火] · 흙[土] · 쇠[金] · 물[水]을, '갑을병정무기경신임계'라는 음과 양으로 나눈 것을 말한단다.^-^ 너무 어렵지?

그리고 12지는 동물들의 달리기 이야기를 통해서, 조상들이 시간과 순서를 나타내기 위해 만든 것이었단다. 12지인 '자축인묘진사오미신유술해'로 시간을 나타냈던 거지.^-^*

자(子)는 쥐, 축(丑)은 소, 인(寅)은 호랑이, 묘(卯)는 토끼, 진(辰)은 용, 사(巳)는 뱀, 오(午)는 말, 미(未)는 양, 신(申)은 원숭이, 유(酉)는 닭, 술(戌)은 개, 해(亥)는 돼지를 뜻한단다.

그리고 여기서 자시(子時)는 밤 11시에서 새벽 1시를 말하고, 축시(丑時)는 새벽 1시에서 3시, 인시(寅時)는 3시에서 5시, 묘시(卯時)는 5시에서 7시, 진시(辰時)는 7시에서 9시, 사시(巳時)는 9시에서 11시, 오시(午時)는 11시에서 오후 1시를 말하지. 왜 '기미년(己未年) 3월 1일 정오(正午)'라는 말을 들어보았지? 3·1 독립 운동 말이야. 그 정오는 정각 12시를 말하는 것이란다.^^ 나머지는 재영이가 따져보렴.^-^ 아참, 자정(子正)이란 말도 들어보았지? 자정이란 정오의 반대로, 정각 밤 열두 시를 말하는 것이란다.

우리나라는 이것으로 시간을 나타냈단다. 그러던 것이 동서양의 문화가 교류되고, 세계가 하나의 지구촌으로 움직이게 되면서 사람들이 약속을 한 것이에요. 서로가 혼란을 일으키지 않으려고 하루를 24시간으로 통일한 것이죠. 그래서 오늘날에는 세계 모든 사람들이 하루를 24시간으로 약속한 것이고, 1시간은 60분, 1분은 60초로 하자고 정한 것이지요.

그런데 시간은 처음에 어떻게 만들어졌을까요? 그것은 지구의 공전(公轉)과 자전(自轉)을 주기로 해서 만든 것이에요.^-^ 자전은 지구가 스스로 도는 것을 말해요. 지구의 자전을 통해서 낮과 밤이 변하는 것이에요.*^-^* 그리고 낮과 밤이 바뀌는 것을 사람들은 '하루'라고 정했지요. 그리고 하루를 24시간이라고 약속했어요. 공전이란 것은 지구가 태양의 주위를 도는 것을 말해요. 여기에 걸리는 시간이 1년이지요. *^-^* 그러니까 1년이란 것은 지구가 365번을 자전하는 것이에요. 곧, 지구가 태양을 한바퀴 도는 동안 자전을 365번 한다는 말이지요. 이 공전을 통해서 봄 · 여름 · 가을 · 겨울의 변화가 나타나는 것이에요. …… 힘들지요?=_=;;

아빠가 재영이에게 이야기한 것 기억하나요? 가장 잘사는 방법은 자연에 따른 생활이란 거 말이에요. 사람들은 해가 뜨면 일어나서 일하고 해가 지면 잠을 자면서 휴식을 취하지요. 그래야 다음날에 또 일을 할 수가 있으니까요. 자연계의 모든 동식물들도 지구의 자전과 공전에 따르는 생활을 해요. 새들도 개들도 은행나무도 밤이 되면 잠을 자잖아요.*^-^*

1 띠에 대해 알아보세요.
2 밑줄 친 것에 대한 답을 적어보세요.
3 자신이 무슨 띠인지, 어떤 성격의 동물인지 알아보세요.
4 그리고 자신의 성격과 그 동물의 성질을 비교해보세요.

[해답]

미시(未時)는 오후 1~3, 신시(申時)는 3~5시, 유시(酉時)는 5~7시, 술시(戌時)는 7~9시, 해시(亥時)는 9~11시.

나 문제 해결의 다양성②

▿아빠 : 재영아! 더하기, 빼기, 곱하기, 나누기를 가지고 한 번

10을 만들 수 있는 대로 만들어볼래?

▿재영 : 1 + 9 = 10, 4 + 6 = 10, 2 × 5 = 10, 1 × 10 = 10,, 20 ÷ 2 = 10, 19 − 9 = 10 ……, 아빠! 무척 많아요. 아니 어쩌면 무한할 것 같아요. 제가 몰라서 그렇지만요. 어쨌든 아주 많아요, 10을 구하는 방법이 …….

▿아빠 : 그래, 가장 정확한 학문이랄 수 있는 수학에서도 어떤 문제를 풀기 위해서는 여러 가지 방법이 있단다. 그런데 많은 사람들이 모여 사는 이 사회에서 생활하는 사람들이 풀어나가는 문제 해결의 방법은 어떨까요?

▿재영 : 그야, 뭐 무진장 많겠지요.

▿아빠 : 중요한 것은 어떤 방법이 제일 편하고 많은 사람들이 이해할 수 있느냐는 것이에요. 남규는 10을 만드는 방법 중에서 어떤 것이 제일 좋아요?

▿남규 : 1 + 9 = 10요.

▿아빠 : 왜 그 방법이 제일 좋았어요?

▿남규 : 그거야 많은 사람이 금방 알 수 있잖아요?

1 세상은 아는 것만큼 보인다는 말이 있습니다. 이 말의 뜻은 무엇일까요?

2 더하기, 빼기, 곱하기, 나누기를 이용하여 '21'이라는 숫자를 만들어보세요.

다 세계의 해석과 이해 — 시간과 공간이란?

▿재영 : 아빠, 시간과 공간은 존재하는 거예요?

▿아빠 : 재영이가 너무 어려운 질문을 했구나. 그래요. 시간과 공간은 분명히 존재하는 거예요. 공간은 재영이가 있기 때문에 존재한다는 것을 설명할 필요는 없을 것 같고 ……, 시간도 존재하는 그 무엇이에요. 그리고 사람들은 그 존재하는 것을 표현하고 나타내기 위해서 시간이란 것을 만들어서 해석하고 설명한 것이지요.

▿재영 : 그럼 왜 나라마다 시간이 다 달라요?

▿아빠 : 그것은 세상 사람들이 사는 공간이 다 다르기 때문이지요. 그 각각의 공간에서는 그 공간에서 이해하고 설명할 수밖에 없는 시간이 존재하는 거예요. 쉽게 이야기해서, 한국에서는 낮인데 미국에서는 밤이 되기도 하잖아요? 이것은 지구의 자전과 공전 때문에 나타나는 현상이고요.

▿재영 : 그렇다면 아빠! 하루는 24시간, 1시간은 60분, 1분은 60초라는 시간은 어떻게 만들어진 거예요? 시간은 도대체 누가 만든 거예요?

▿아빠 : 으음, 너무 힘든 질문이구나. 재영이에게 먼저 물어볼게요. 만약 시간이 없다면 사람들은 어떻게 약속을 할까요?

▿재영 : …….

▿아빠 : 아마도 해지는 시기 어둑어둑해질 때 만나자, 또는

보름달이 뜰 때 만나자 하는 식으로 약속을 정했겠지요?
▿재영 : 그렇겠네요.
▿아빠 : 그럼 어떤 문제들이 있을까요? …… 사람들은 아마도 약속을 제대로 못 지키거나 기다리는 시간이 너무 많거나 서로 해석이 달라서 어긋나거나 했겠지요. 그래서 사람들은 생각했어요. 이런 식으로는 안 되겠다고요. 그래서 아주 먼 옛날 사람들은 시간을 좀더 정확하게 나타내기 위해서 많은 고민을 했어요. 그 가운데 가장 쉬운 방법은 '해'와 '달'의 움직임을 기준으로 하는 것이었어요. 해와 달은 시간이 흐르면 위치나 모양이 달라지니까요.

그런 가운데, 최초의 문명 발생지라고 할 수 있는 바빌로니아 사람들이 태양의 움직임을 관찰해서 1년을 360일로 나누었어요. 그리고 하루를 24시간, 1시간을 60분, 1분을 60초로 나타냈대요. 이것은 그 당시 사람들이 사용하던 60진법을 응용한 것이었지요.
▿재영 : 아빠! 진법이란 말씀을 자꾸하시던데요. 진법이 뭐예요?
▿아빠 : 그렇구나. 아빠가 재영이랑 이야기하다보니 너무 힘든 이야기를 하고 있었구나. …… 진법이란 새로운 단위로 나아가는 것을 말해요.^_^* 재영이가 사용하는 자연법은 '9' 다음의 숫자는 몇이에요?
▿재영 : 10이죠.^^
▿아빠 : 그럼 '99'와 '999' 다음에는요?^_^;

▿재영 : 100과 1000이죠.

▿아빠 : 바로 그거에요. 10진법이란 10마다 단위를 높여서 나아가는 것이죠. …… 마찬가지로 60진법이란 60마다 단위를 높여서 나아가는 것이에요. 으음, 1시간 59분 뒤의 시간은 몇 시 몇 분일까요?

▿재영 : 그거야 정각 두 시죠.*^-^*

▿아빠 : 맞았어요.^-^;; 그럼 우리가 사용하는 진법에는 어떤 것들이 있을까요?

▿재영 : 이제 알겠어요. 지난번에도 아빠가 말씀하셨잖아요. 손가락의 5진법, 우리가 일반적으로 사용하는 10진법, 1년의 12진법 ……, 그리고 하루의 24진법.

▿아빠 : 잠깐! 하루의 24진법이란 말은 무슨 말이에요?

▿재영 : …… 그거야, 24시간 다음에는 새로운 하루가 시작되잖아요.^^ 8월 15일 밤 열두 시 이후에는 8월 16일이 되잖아요. 하루는 24시간이니까요. …… 그런데 아빠! 왜 바빌로니아 사람들은 시간에다 60진법을 사용했어요? 지금 우리가 사용하는 10진법을 사용하면 더 편했을 텐데 말이에요.

▿아빠 : 아빠도 그런 생각을 해본 적이 있어요. 아마도 60은 아주 많은 숫자로 나눠지면서도 나머지가 딱 맞게 떨어지는 수라서 그랬을 거예요. 약속은 정확해야겠지요. 그러기 위해서는 나머지 수가 딱 떨어져야겠지요. 그래서 바빌로니아 사람들은 60진법으로 시간을 표현한 것 같아요. 이것이 오늘날까지 이어져 60이 시간의 단위로 굳어진 것이고요.*^-^*

[1] 왜 사람들은 1시간을 60분, 1분은 60초로 나타냈을까요?

[2] 민족마다 시간이 다른 이유는 무엇 때문일까요?

[3] 시간이 존재하는 그 어떤 것이라고 하였는데, 시간이 존재한다는 것을 아래의 상자처럼 예를 들어보세요.

① 나는 초등학교를 마치면 중학교로 간다. 나는 정신적으로 육체적으로 변한다. ② 개나리꽃이 피고 새싹이 돋는 것을 보니 봄이 왔구나.

(1) 내가 ____

____.

(2) 낙엽____

____.

(3) ________ 비가 ________________________________

____.

둘째 마당

문화의 이해

곧은 나무는 재목으로 쓰이고,
굽은 나무는 화목으로 쓰인다.

굽은 나무가 선산을 지킨다.

문명인은 마차를 발명한 덕택으로 다리가 못쓰게 되었다.
— 에머슨

제 5 강
문화적 차이

가 자연 속의 인간과 문자의 발명

사람이 잘 먹고 잘 사는 길은 그곳의 환경과 기후에 맞게 사는 것이라고 아빠는 여행을 통해서 다시금 깨달았단다. 앞서 말했듯이, 아무리 우리나라가 타일랜드나 캄보디아보다 잘 산다 할지라도, 이 나라 사람들처럼 화장실마다 뒷물할 작은 수도꼭지를 두지는 않잖니? 그런데 이 나라 사람들은 대변을 본 다음에는 반드시 뒷물을 하였고, 그 문화 습관 때문에 이들 나라의 호텔에선 변기 옆에 작은 수도꼭지를 만들어두었더구나. 아빠도 처음엔 이것이 무엇에 사용하는 것인지 몰랐단다.^^ 그래서 이 물로 머리도 감았단다.^^

이곳 캄보디아와 타일랜드 사람들은 왼손을 잘 사용하지 않는단다. 왜냐 하면 왼손은 대변을 본 다음 뒷물할 때 사용하기 때문이지. 엄마가 변비가 심하지요? 이곳 사람들은 우리나라보다 살기가 어렵지만 변비 환자들이 거의 없단다. 그리고 이 나라는 화장실에 휴지를 두지 않아요. 왜냐 하면 이곳 사람들은 엄마가 사용하는 비데처럼 화장실에서 볼일을 본 다음 작은 바가지에 물을 떠서 왼손으로 뒤처리를 하기 때문이란다. 재영이는 왼손 오른손을 다 사용하지요? 하지만 이 나라에 와서는 왼손으로 인사를 하거나 밥을 먹으면 절대 안 된단다.^^

사람도 자연의 일부란다. 아무리 과학이 발달하였다 할지라도, 태풍이나 이상 기후로 인해 몇날 며칠 동안 눈이나 비가 온다면 어떻게 될까요? 사람들이 과학으로 발견한 자연 현상들이 아무리 많다고 해도, 과학으로 설명하지 못하는 것들에 비해서는 너무나 적단다. 가장 기본적인 인간의 정신과 육체의 관계에 대해서 과학은 설득력 있게 설명할 수가 없거든요.^^

어찌 되었던 사람들은 자신들이 처한 환경에서 최선의 삶을 살기 위해서 노력했어요. 그래서 그들이 발명한 것이 '문자(文字)'라는 것이지. 만약 사람들 사이에 말과 글이 사라진다면 어떻게 될까요? 아빠는 재영이와 남규를 어떻게 불러야 하지요? 그리고 재영이 친구들과 남규 친구들은 또 어떻게 부르지요? 그래서 사람들은 문자를 발명하기 시작한 것이에요. 그리고 문자가 있음으로 해서 비로소 세상 모든 것들은 의미를 갖게 되었고 무엇인가 나타내게 되었던 것이지요.

나 사람은 보고 싶은 것만 본다

1 얼룩말을 백인들은 흰색 바탕에 검은색 줄이 있다고 이야기 합니다. 흑인들은 검은색 바탕에 흰줄이 그어져 있다고 합니다. 백인과 흑인의 말[言] 중에 어떤 말이 정확할까요? 얼룩말은 과연 어떤 모습일까요? 왜 그렇다고 생각하지요?

2 이성계를 도와 조선 왕조를 창건한 무학대사와 연관된 이야기 가운데에는 재미있는 이야기가 많습니다. 오늘은 그 중에 하나인, '부처님 눈에는 부처님만 보이고 용 눈에는 용만 보인다'는 얘기를 하겠습니다. 태조와 무학대사가 농담을 주고받기로 하였습니다.

▿태조 : 내가 보니 스님은 돼지처럼 생겼소.

▿무학 : 제가 보니 대왕께서는 부처님 같습니다.

▿태조 : 어째서 스님은 나처럼 농담을 안 하시오?

▿무학 : 아닙니다. 농을 한 것입니다. 용의 눈에는 모두 용으로 보이고 부처님 눈에는 모두 부처님으로 보인다는 사실을 말한 것입니다.

밑줄 친 말의 의미는 어떤 것입니까?

3 치과 의사들은 사람들과 말할 때 자신도 모르게 상대방의 치아를 본다고 합니다. 왜 그럴까요?

4 남규의 놀림에 재영이가 아래처럼 대답하고 나서부터는 남규가 더 이상 누나를 놀리지 않았답니다. 왜 그럴까요?

▿남규 : 누나는 똥꼬래요. 똥꼬래요 ……. 바보 누나, 바보 누나!

▿재영 : 남규는 바보 동생! 바보 동생! 똥꼬 동생!

[해답]

1 민족적 이기심에서 나온 것입니다. 왜냐 하면 흑인들은 자신들의 피부가 검은색이기 때문에 검은색 위주로 얼룩말을 본 것이고, 백인 역시 마찬가지 이유에서 흰색 위주로 본 것입니다. 2 사람들은 자신의 필요에 의해서 세상 사물을 이해한다는 것입니다. 3 일종의 직업병이라고 할 수 있습니다.^^ 치과 의사는 사람들의 이를 치료해주는 직업을 가진 사람이기 때문에 자신도 모르게 치아 부분을 집중해서 보게 되는 것입니다. 4 남규가 누나를 '똥꼬'와 '바보'라고 놀렸습니다. 그렇다면 남규는 자신이 이름 붙여준 '바보'와 '똥꼬'의 동생이 되는 셈이니, 자연 똥꼬 동생이고 바보 동생이 되는 것이죠. 다른 사람들을 욕하게 되면 자신도 욕을 먹는다는 것을 알아두면 좋겠네요.^^

다 세계의 해석과 이해 — 문자, 한글의 우수성

▿아빠 : 문자는 크게 소리글자인 표음(表音) 문자와 뜻글자인 표의(表意) 문자가 있어요. 영어와 한글을 포함한 대부분의

문자가 소리글자고, 한자는 대표적인 뜻글자죠. 닭소리와 개소리가 어떻게 나죠?

▽남규 : '멍멍', '꼬끼오'요.

▽아빠 : 맞아요. 그러면 영어는?

▽남규 : …….

▽재영 : …….

▽아빠 : 이 때문에 우리나라 한글이 세계에서 가장 과학적이고 독창적인 글자라고 해요. 왜냐 하면 한글은 입 모양과 혀 모양의 발음 구조를 연구해서 만들었기 때문이에요.

▽재영 : 그러면 우리가 왜 영어를 또 공부해야 되나요? 한글이 제일 좋은 문자라면서 말이에요 …….

▽아빠 : 그러게 말이구나 ……. 아마도 힘이 약하기 때문이겠지 ……. 그 이야기는 나중에 하기로 하고, 오늘은 한글에 대해서만 이야기하기로 하자구나. 한글은 다른 나라처럼 오랫동안 복잡하게 변해서 만들어진 글자도 아니고, 또 일본 글자나 영어의 알파벳처럼 남의 글자를 흉내내거나 빌려온 글자도 아니에요. 훈민정음(訓民正音)에도 나와 있듯이 한글은 '바람 소리, 학 소리, 닭 우는 소리, 개 짓는 소리까지 뭐든지 소리나는 대로' 적을 수 있어요. 이렇게 훌륭한 한글의 자음(子音)은 입의 모양과 이의 모양, 목구멍의 모양을 본떠서 만들었어요. 그리고 모음(母音)은 하늘, 땅, 사람의 모양을 본떠서 만들었다고 해요. 자음의 'ㄱ'을 '기역'이라고 발음할 때 우리의 혀와 목구멍, 이의 모양을 잘 살펴보세요. 혀가

‘ㄱ’ 자 모양으로 구부러지지요? ‘ㄴ’이나 ‘ㄷ’도 마찬가지예요. 이렇게 한글의 자음은 발음 기관을 본떠서 만들었어요. 한편, 모음의 ‘ㆍ’는 하늘, ‘ㅡ’는 땅, ‘ㅣ’는 사람의 모양을 나타낸 것이지요. 여기에 ‘ㅣ’와 ‘ㆍ’를 합쳐서 ‘ㅏ’, ‘ㅓ’를 만들고 또 ‘ㆍ’와 ‘ㅡ’를 합쳐서 ‘ㅗ’와 ‘ㅜ’를 만드는 식으로 모음을 만들었어요. ‘ㆍ’는 ‘아래아’라고 하여 훈민정음을 처음 만들 때는 있었지만 지금은 사용하지 않고 있어요……. 이렇게 만들어진 한글은 세계에서 제일 많은 소리를 가진 글자라고 해요. 한글의 우수성을 알게 된 세계 사람들은 1997년에 유네스코에서 ‘세계 기록 유산’으로 한글을 등록했다고 해요.

1 이렇게 뛰어난 한글을 두고 우리는 왜 영어 공부를, 그것도 많은 돈과 시간을 들여서 해야 할까요?
2 한자와 중국어 공부는 또 왜 해야 할까요?

제 6 강

문화의 이해①

가 개고기를 먹다니?!

▿재영 : 아빠, 어떻게 우리나라 사람들은 개고기를 그렇게 맛있게 먹을 수 있어요?

▿아빠 : 아빠도 먹는데.^^

▿재영 : 아빠! 이제 개고기 먹지 마세요. 어떻게 예쁜 개를 잡아먹어요?

▿아빠 : 글쎄, 그건 좀 곤란한데 …….^^

▿재영 : 왜요? 너무 야만스럽잖아요?

▿아빠 : 야만스럽다고? 으음, 아빠는 재영이와 우리 식구들이 개고기를 먹는 것과 개를 기르는 것을 구분했으면 좋겠어요.

다시 말해서, 개고기 문화를 '음식'이라는 측면과 '애완'이라는 측면으로 구분해서 말하자는 이야기죠. 당신은 어때요? 내가 개고기를 먹는다는 것에 대해서?

▿엄마 : 그야 징그럽지요. 당신이 ……! 몰랐네. 당신이 개고기를 먹다니!

▿재영 : 엄마 말이 맞아요. 어떻게 기르던 개를 먹어요? 정말 잔인해요.

▿남규 : 맞아요. 주인한테 반갑다고 꼬리를 흔들며 같이 생활해온 개를 ……. 으이, 말도 안 돼요.

▿아빠 : 오늘은 아빠가 왕따 당하는구나. 개고기를 생각하면서 사람들은 혐오(嫌惡)하는 사람도 있고, 입맛을 다시는 사람도 있어요. 심지어 없어서 못 먹는다는 사람도 있고요.^^ 개고기를 옹호하는 사람들은 이렇게 말해요. '개고기는 소화가 잘된다. 고기 기름은 포화 지방과 불포화 지방으로 나뉘는데, 개고기 기름은 불포화 지방이다. 포화 지방을 섭취하는 식생활은 플라그(Plaque)라는 기름기가 함유된 침전물이 혈관 내벽에 쌓이기 쉬워 동맥 경화를 일으키기 쉽다. 그런데 개고기는 그런 것이 적다' 등등을 주장하지요.*^-^* 이런 이유 때문에 개고기를 담은 그릇은 퐁퐁 등의 세제를 쓰지 않고 따뜻한 물로 닦아도 깨끗해진단다.*^-^* 그리고 개고기 냄새는 파리를 쫓는단다. 또한 개고기를 먹다가 입천장을 대지는 않는단다.^^ 옛날에는 먹고살기가 힘들어서 고기 먹을 때가 추석이나 설 같은 명절이나 제사 때였단다.

▿남규 : 아빠, 그래도 개고기는 드시지 마세요.
▿재영 : 어떻게 …….
▿아빠 : 춥고 배고프고 가난한 시절에 개는 우리에게 동물성 단백질의 공급원이었지. 재영이, 남규 그리고 당신! 음식을 그렇게 많이 하고, 또 남겨서 버리지? 통닭을 먹고 그 뼈다귀는 쓰레기봉투에 버리지?
▿엄마 : 당연하지요. 그럼 그 뼈다귀도 먹어요?
▿아빠 : 아니, 만약 우리가 옛날 사람들처럼 마당에 개를 기르면, 그 개가 음식 찌꺼기를 재활용한다는 얘기지.^^ 개는 음식을 재활용하는 측면에서도 그렇고, 번식기가 되면 알아서 새끼를 낳지 않았겠니? 당신도 알 거 아니요?
▿엄마 : 그래도 기르던 개를 먹는다는 것은 너무하잖아요? 세계화 시대인데. 그런 야만스런 일은 이제 없었으면 좋겠어요.
▿아빠 : 자꾸만 야만스럽다고 하는데. 그렇다면, 프랑스의 최고급 요리라고 하는 원숭이 두개골 요리는 어때요? 거위간 요리는요? 고양이를 먹는 거는요? 어쩌면 우린 너무나 우리의 문화를 지레 우습게 알고 야만적이라고 생각하는 것이 아닌지 모르겠어요. 이는 서양인의 시각에서 바라본 것일 뿐인데 말이요. 다시 말해 서양의 문화는 선진적인 것이고, 우리의 문화는 후진적이라는 문화적 열등감을 가지고 교육을 받은 게 아닐까요? 아니면 사대주의 근성일 수도 있지요.
▿엄마 : 하지만 그건 심했어요. 집에서 같이 생활하던 개를 어떻게 잡아먹어요?

▿아빠 : 그래서 '음식'이라는 측면과 '애완'이란 측면으로 구분해서 생각하자는 거예요. 유럽에서는 휴가철만 되면 수십만 마리의 개들이 버려져 거리를 헤맨대요. 그리고 각 나라는 그 거리를 떠도는 애완견들을 잡아다 안락사(安樂死)시키고요. 아참 안락사란 편안하게 죽이는 것을 말해요. 고통을 가장 적게 하면서 죽이는 것이죠.^-^*

▿재영 : 정말 그래요? 왜 그런 일이 생기는 거죠?

▿아빠 : 그들이 여름 휴가를 가기 때문이지. 비행기나 공공운송 기관에서는 애완견을 태울 수 없기 때문이지. 태운다해도 운송비가 너무 비싸기 때문이지. 이런 경우 과연 누가 개들을 더 사랑하고 아끼는 것인지 의심이 가는구나.

▿재영 : 아빠! 제 친구 언니는요, 눈도 쌍꺼풀 수술하고 코도 세우고 턱도 깎았대요. 그래서인지 그 언니는 꼭 서양 사람 같아요. 나중에는 서양 사람들처럼 눈도 파랗게 수술한대요.

▿아빠 : 재영이는 그 언니를 보니까 어때?

▿재영 : 예뻐요!

▿아빠 : 서양인들이 주근깨가 많아보이는 것은 멜라닌 색소가 부족하기 때문이에요. 그리고 그들의 눈이 들어간 것은 기후 조건이 안 좋은 스칸디나비아반도에서부터 살아왔기 때문에 눈을 보호하기 위해서 그런 것이지요. 또 파란 눈동자는 햇빛이 강하면 못 보기 때문에 선글라스 문화가 발달한 것이에요. 파란 눈을 가진 서양 사람들은, 재영이가 갖고 있는 검은색 눈동자를 너무나 부러워하고 있어요. 그래서 아빠

는 우리나라 사람들이 이젠 문화적 열등감에서 벗어났으면 좋겠다는 생각을 해요. 그와 같은 생각들은 서양인들이 세계를 정복하면서 자기들 문화는 좋고, 정복당하는 문화는 야만스럽고 나쁘다고 주입시킨 결과라고 아빠는 봐요. 참고로 에스키모들이 날고기 먹는 것을 서양인들은 야만적이고 비위생적이라고 비판했어요. 그런데 에스키모들이 날고기를 먹는 이유는 비타민 씨를 날고기에서만 구할 수 있기 때문이에요. 왜냐 하면 몸에 꼭 필요한 비타민 씨는 야채에 많이 있지요. 그런데 에스키모들은 야채를 구하기가 어렵잖아요?^^)^^

1 위 글을 300자로 정리해보세요.

2 우리나라 사람들이 개고기를 먹는 것에 대해 여러분은 어떤 생각을 가지고 있는지 말해보세요.

나 나는 누구일까?

▿아빠 : 만약 사람에게서 말과 글이 없어진다면 어떻게 될까요?

▿남규 : 어떻게 사람에게서 말과 글이 없어져요? 말과 글이 없으면 아빠랑 전 지금 어떻게 이야기해요. 그리고 일기는 어떻게 써요?

▿재영 : 말과 글이 없어지면 사람들을 부를 수가 없어요. 그리고 이 세상 모든 것들의 이름이 없어져요. 이름이 없어지면 ……, 없어지면 …….

▿남규 : 어떻게 이름이 없어져. 이름이 없어지면 난 뭐가 되는 거야. 누나를 뭐라 불러야 해, 그리고 아빠 엄마를 또 뭐라 불러야 해! 집 · 책상 · 컴퓨터 · 로봇 · 남규 · 재영 ……. 우앙! 말과 글은 없어질 수가 없어! 말과 글이 없어지면 우린

살 수가 없단 말이야!

▽재영 : 그래 맞아. 말과 글이 없어지면 ……. 정말 우리는 살 수 없을 것 같아요. 아니 우리가 알고 있는 모든 것들이 사라질 것 같아요. 아빠도 사라지고, 엄마도 집도 컴퓨터도 ……. 그래요. 세상 모든 것들이 말과 글이 없으면 사라질 것 같아요.

▽아빠 : 그럴까? 말이 없어져도 사물들은 존재하잖아? '아빠'라는 말이 없어도 아빠는 여기 있잖아? 컴퓨터도 집에 있고, 텔레비전 · 전화기 · 학교 · 책 등 모두가 그대로 있잖아. 재영이가 태어나던 날, 아빠는 너무나 기뻐서 밤을 새면서 재영이의 이름을 지었단다. 남규도 마찬가지지. 그렇다면 재영아! 이 아빠가 재영이의 이름을 '해님'이라고 지었다면 지금의 재영이를 '해님'으로 불렀겠지?

▽재영 : 예.

▽아빠 : 남규도 아빠가 만일 '재규'라고 지었다면 '이재규'가 되었겠지? 그렇다면 재영이라고 부를 수 있고, 해님이라고도 부를 수 있는 '넌' 누구고 뭐지? 남규는 도대체 누구고 뭐지?

▽재영 : 아빠, 너무 힘들고 어려워요.

▽남규 : 아빠, 정말 전 누구예요? 또 뭐예요?

1 여러분은 과연 무엇이고 누구입니까? 한 번 생각해보세요.^^)^^

다 세계의 해석과 이해 — 신호와 상징의 세계

인간은 '신호(信號)'와 '상징(象徵)'의 세계에서 삽니다. 인간에게는 과거의 경험이 개인이나 집단의 기억으로 보존됩니다. 그리고 이 기억은 현재 일어나고 있는 것, 과거에 경험한 비슷한 일들에 대한 생각의 덩어리들을 이끌어내게 합니다. 그리고 그 덩어리들은 신호와 상징 체계인 '언어'로 존재하게 됩니다.

이제 인간은 이 신호와 상징의 체계인 언어를 통해서 세상을 이해하고 인식하게 됩니다. 그가 느끼고 체험한 모든 것들은 결국 언어를 갖고 표현하며 서로 이해하게 됩니다.

여기에 비해 동물들은, 경험한 것들을 시간의 흐름에 따라서 잊어버리게 됩니다. 기억할 수 있는 방법(언어와 문자)이 없기 때문이지요. 그래서 동물에게 발생하는 비슷한 모든 일들은 언제나 새롭게 경험하는 일들로만 존재하는 것입니다.

1 여러분의 상상력과 지혜를 동원해서 아래의 상자 속 내용처럼 문장을 완성해보세요.

인간은 다른 동물과는 달리 한 그릇의 물에 특별한 의미와 가치를 부여해서 '성수(聖水)'를 만들 수 있는 존재다.

(1) 인간은 살기 위해서 ______________________________다.

그리고 그들은 ______________________________.

(2) 차는 먹는 차(茶)와 타고 다니는 차(車)가 있다. 마찬가지로 눈에는 ________과 ________이 있다. 또한 다리에는 ________와 ________가 있다.

[해답]

(2) 하늘에서 내리는 눈[雪]과 보는 눈[眼]이 있다. 건너다니는 다리[橋]와 사람의 다리[脚]가 있다.

제 7 강

문화의 이해②

가 굶어죽어도 소를 잡아먹지 않는 사람들

▿재영 : 아빠, 텔레비전에서 보니까 인도 사람들은 굶어 죽더라도 소고기를 안 먹더라고요. 그런데 그 나라에는 소들이 거리에서 누워서 자고 있었어요. 그 소들을 잡아먹으면 굶어 죽지도 않고 거리도 깨끗해지고 좋잖아요? 그런데 왜 안 잡아먹어요?

▿아빠 : 재영이가 어려운 질문을 했구나. 어떻게 대답해야 할까? 그래 옛날 사람들은 농사를 어떻게 지었을까요?

▿남규 : 그야 소를 갖고 지었겠지요.

▿아빠 : 그래, 남규의 말처럼 농사를 짓는 지역에선 소가 밭을

갈아줬지요. 인도는 우리나라보다 땅이 훨씬 넓어요. 그래서 그들에게 소는 무척이나 소중해요. 소 한 마리가 사람 열 명보다 훨씬 더 많은 일을 하지요. 또 소의 똥은 기름이나 나무 대신에 연료로 쓸 수도 있어요. 소똥을 말려서 불에 태우면 아주 잘 타요. 그런가 하면, 소가 방금 눈 똥을 동상 걸린 발에 붙이면 동상이 낫는데요.^^ 그리고 소똥을 벽에 바르면 집안에 모기나 벌레 따위가 생기지 않는데요. 그러니 사람들이 소를 잡아먹겠어요? 잡아먹는 것보다는 기르는 것이 훨씬 낫겠지요? 그래서 인도 사람들은 굶어죽어도 소를 안 잡아먹는데요. 물론 먹는 사람들도 있겠지요.^^ 그래서 쓸모가 많은 소를 보호하기 위해서 종교적으로 소를 못 먹게 만들었던 것이에요.

▿재영 : 그렇다면 아빠! 이슬람인들이 돼지고기를 안 먹는 이유는 무엇 때문이에요?^)^;;

▿아빠 : 재영이는 정말 질문 대장이구나.^^ 그래요. 이슬람인들은 돼지고기를 안 먹지요. 그런데 우리나라 사람들은 돼지고기를 무척이나 좋아하지요? 옛날 중동에서 건설 회사 일을 하시던 재영이 고모부는 돼지고기를 먹고 싶어서 고모에게 편지를 했대요. 돼지고기 먹는 게 소원이라고.^_^ 그런데 어떻게 먹었을까요?

▿재영 : 먹으면 안 되잖아요? 그 나라 법이고 관습인데 …….

▿아빠 : 고모가 고추장에 돼지고기를 갈아서 볶은 다음 보내줘서 먹을 수 있었대요.

▿재영 : 그런데 아빠, 왜 중동 사람들은 돼지고기를 안 먹어요?

▿아빠 : 중동은 사막이라 날씨가 많이 덥죠. 평균 기온이 40도라니까. 만약 중동에서 돼지고기를 먹는다면, 쉽게 설사를 하겠지요? 그리고 돼지가 얼마나 많이 먹어요. 사막에서는 사람이 먹을 것도 부족한데, 어떻게 돼지를 기르겠어요. 그래서 그 나라의 조건에 맞게 사람들이 탈 없이 먹고 잘 살기 위해서 돼지고기를 먹지 못하도록 했대요. 그래도 아주 부자인 사람들은 돼지고기를 먹기도 했으니까, 차라리 아무도 못 먹도록 종교적 규칙으로 만들었대요. 이제 알겠어요?^)^;;

▿재영 : 예.

▿남규 : 예!

▿아빠 : 오늘은 그만 할까요? 그럼, 우리 한번 정리해보자. 문화(文化)란 것은 그 사회가 처해 있는 환경과 역사성에 따라 만들어진다는 말을 이제 알겠지요?

1 왜 중동 사람들은 돼지고기를 먹지 않을까요?

2 왜 인도 사람들은 그 많은 소들을 잡아먹지 않을까요?

나 도대체 나는 무엇일까?

▿아빠 : '이재영'이가 너일까 네가 이재영일까? '이남규'가 남

규일까 네 동생이 남규일까?

▿재영 : 그게 그거 아니에요?

▿아빠 : 재영아! 서울의 큰아빠 있지? 그 큰아빠 이름은 이수안이란다. 그런데 이름이 안 좋다고 그래서 이종원으로 바꿨단다. 아빠가 재영이의 이름을 이가영으로 지었으면 지금 재영이의 이름은 이가영이겠지?

▿재영 : 네.

▿아빠 : 그렇다면 이재영으로 불러도 되고 이가영으로 불러도 되는 너는 도대체 무엇이며 누구지?

▿재영 : …… ?

▿남규 : …… ?

▿아빠 : 서울 큰아빠는 도대체 이종원일까 이수안일까, 아니면 다른 그 무엇일까?

▿재영 : …… 내가 이재영이죠.

▿남규 : 맞아요. 제가 이남규예요.

▿아빠 : 엄마 뱃속에 있다가 너희들은 태어났고, 기쁨과 감사함으로 아빠는 너희들에게 이름을 지어주었단다. 그리고 너희들은 그 이름이 자신을 나타내는 것을 알고 살아왔지. 이름을 붙이기 전의 너희들은 생명을 가진 그 무엇이었지. 그리고 그 무엇에다 '재영'과 '남규'라는 이름을 붙이게 되면서 비로소 너희들은 의미를 갖게 되었단다.^)^;;

이처럼 세상 모든 사물과 존재들은 이름을 갖게 되면서 비로소 존재하게 되었단다. 비록 그들이 이름을 갖기 전에도 존재했다고 해도, 이름을 갖지 않았기 때문에 우리는 그것이 무엇인지를 알 수 없지 않았겠니? 만약에 이름이 없다면, 이 세상 모든 것들은 의미를 갖지 못할 거야. 의미가 없으니까 사람들은 그것이 무엇인지 알 수 없고, 무엇인지 알 수 없으니까 결국은 존재하지 않는 것이지. 그래서 학자들은 '언어는 존재의 집'이라는 표현을 쓰게 된 것이란다. 이 말의 뜻은 말이 있고나서 세상 모든 것들은 존재하게 된다는 것이지. …… 어렵지요? 물론 말이 있기도 전에 이 지구는 있었지요. 남규가 좋아하는 공룡이 인간들보다 먼저 있었지요.^)^;;

▿재영 · 남규 : …… 그랬었지요?

▿아빠 : 하지만 말이 없었다면 ……, 우리가 지구상에 공룡이 살았다는 것을 어떻게 알고 설명할 수 있을까요?

▿재영 : …… 설명할 수 없겠지요.

▿남규 : …… ?

▿아빠 : 그렇겠지요.=_=;; 말이 있고나서 비로소 세상 사물들은 자신들의 의미를 갖게 되었겠지요. 그리고 우리는 그것들이 무엇인지를 알 수 있고요.-_-;; 이것을 말한 것이 '언어는 존재의 집'이라는 것이에요. 말이 있어야 세상에 어떤 것들이 있다는 것을 알 수 있으니까요.=_=;;

1 말이 있고나서 세상 사물이 존재하는 것일까요? 그렇게 생각하는 이유는?

2 사물이 존재한 다음, 그 사물을 표현하기 위해서 말이 있

는 것일까요? 그렇게 생각하는 이유는?

다 세계의 해석과 이해—언어(言語)의 시대

우리가 살고 있는 이 시대는 언어의 시대라고 할 수 있을 것입니다. 왜냐 하면 언어는 이 세상에서 가장 강력하면서도 가장 흔한 도구이기 때문입니다. 전기와 원자력은, 언어의 힘과 비교하면 우리의 일상 생활에서 비교적 중요하지 않습니다. 이것은 물론 다른 시대에도 해당됩니다. 문명인이 언어 없이 잘 지낼 수 있었던 시대는 지금까지 결코 한 번도 없었습니다. 그러나 문명이 점점 더 발달할수록 문명의 존재는 언어의 힘에 의존하게 됩니다. 그리고 오늘날 언어의 힘이란 엄청납니다. 우리는 종종 언어를 당연한 것으로 여기기 때문에 이 사실을 이해하지 못할 때가 있습니다. 그러나 잠깐 멈추어서 우리가 얼마나 언어의 세계에 살고 있는가를 곰곰이 생각해보십시오. 여러분의 미래에 그렇게도 많은 중요성을 지닌다고 여러분이 느끼는 대학 교육도 거의 전적으로 언어의 경험입니다. 여러분은 언어로 책을 읽고 언어로 강의를 듣고 언어로 인생관을 형성하는 것입니다.

언어를 잘 이해하고 해석한다면, 세상사는 이치를 좀더 정확하게 알 수 있을 것입니다. 또한 바르게 살 수도 있을 것입니다. 왜냐 하면 인간은 어떤 것이 옳은 것이며 좋은 일이란 것을 안다면, 당연히 그 일을 실천할 것입니다. 이런 점에서 죄를 저지르는 사람은 그것이 죄인 줄을 모르기 때문에 저지르는 것입니다. 그래서 소크라테스는 '무지(無知)는 죄(罪)'라고 한 것입니다.

1 한 할아버지가 빨간 불일 때 무단 횡단을 했습니다. 여러분은 이 할아버지를 목격하고 잡은(?) 경찰관이라고 합시다. 할아버지는 다른 차들의 통행을 방해하지는 않았습니다. 그리고 교통 신호가 무엇인지를 알지 못했습니다. 이 경우, 여러분은 할아버지에게 범칙금 고지서를 발부할 것인가요? 서로 이야기해봅시다.

2 여러분이 길에서 100만 원이 든 가방을 주었다고 칩시다. 그리고 그 돈을 불우이웃을 돕는 자선냄비에 넣었다고 합시다. 이 같은 여러분의 행동은 옳은 것일까요 옳지 않은 것일까요? 그 이유를 이야기해봅시다.

제 8 강

문화의 이해③

가 더러운 '조센징', 야만스런 '쪽발이'

▽아빠 : 우리는 옷을 입고, 어른을 만나면 인사하고, 밥을 먹으며 살고 있지요.^&^ 그리고 명절과 기일(忌日)에는 차례와 제사를 지내며 살지요? 이와 같은 것들을 '문화'라고 해요. 문화라는 것은 그 사회가 처해 있는 환경과 역사성에서 만들어지는 것이지요.^-^*

아빠가 어렸을 때는 '더러운 조센징!' '야만스런 쪽발이!' 하며 한국인과 일본인이 서로 욕하는 것을 들었어요. 그리고 지금은 왜 그런 욕들이 나왔는지 알겠어요.

▽남규 : 나쁘다. 왜 그렇게 서로들 욕을 해요. 서로 칭찬하면

서 살면 더 좋을 텐데 말이에요.

▿아빠 : 맞아요. 싸우지 않고 살면 좋을 텐데.^^ 그런데 왜 그렇게 서로 욕들을 하며 지냈을까요?-_-;;

▿재영 : 그야 자기 나라의 이익을 위해서겠죠? 그리고 선생님이 그러시는데, 일본과 한국은 역사적으로 너무나 많은 일이 있었대요. 대표적으로 임진왜란(壬辰倭亂)이 그렇고, 가깝게는 36년간의 식민지 시절이 있었잖아요. 그래서 다른 나라에는 져도 일본에게 지면은 안 돼요.

▿아빠 : 왜 다른 나라에는 져도 되지만 일본에 지면 안 돼요? 일본도 다른 나라잖아요?

▿재영 : 몰라요. 그냥 그래요. 이유가 없어요. 지면 화가 나고 속상해요.-_-;;

▿아빠 : 좋아요.^&^ 하지만 오늘은 한국과 일본의 지리적 특성에 대해서 얘기할게요.^&^ 한국은 대륙성 기후이기 때문에 아무리 땀을 흘려도 금방 마르게 되고, 저녁에는 목욕을 하지 않아도 잠을 잘 수 있어요. 그런데 일본은 해양성 기후이기 때문에 땀흘려 일하거나 운동한 다음에 목욕을 안 하면 잠을 잘 잘 수가 없어요. 끈적끈적 땀이 달라붙어서 그런 거지요. 그래서 그들은 목욕 문화가 발달했어요. 또 가급적 땀을 덜 흘리게 하려고 그들은 간편한 복장의 옷을 입게 되었지요. 재영이나 남규가 알고 있는 일본인들의 전통 속옷인 '훈도시'도 이런 배경에서 발달한 옷 문화예요. 그래서 그들은 우리 한국에 비해서 성(性) 문화가 많이 개방적이죠.

'제목: '

왜냐 하면 그들은 땀이 덜 나야 편하게 살 수 있었고, 그러다 보니 속옷 문화가 발달하지 않았지요. 일본인들이 한국을 침략해 들어왔던 시절에 볼일을 볼 때는 치마를 올리고 그냥 앉으면 됐대요.-_-;; 그리고 그것을 우리나라 사람들이 보았겠지요. 대대로 유교적인 가르침 속에서 생활해온 우리가 보기엔 그런 일본인들의 모습이 그야말로 야만스럽기 짝이 없

었겠지요. 그래서 나온 욕이 '야만스런 쪽발이'였죠.=_=;;

▽재영 : 아빠, 그럼 '더러운 조센징'이란 말은요?

▽아빠 : 일본에 비해서 한국은 봄, 여름, 가을, 겨울의 구별이 뚜렷한 대륙성 기후예요.^-^* 그 때문에 아무리 땀 흘려 일해도 시원한 바람을 쐬면 금방 다 말라버리지요. 그래서 잠잘 때도 편하게 잠을 잘 수가 있었어요. 그래서 한국인들은 목욕을 하지 않아도 되었던 거지요. 잘 씻지 않았고, 씻을 필요가 없었던 것이죠.-_-;; 그런데 일본인들이 이런 우리의 모습을 보고 '더러운 조센징'이라고 불렀던 거예요. 아빠도 어렸을 때는 추석과 설날에만 목욕을 했어요.-_-;; 나머지는 동네 개울에서 가재와 메기를 잡고 놀며 자연스레 멱을 감으면서 씻었지요.

그리고 한국은 사계절이 뚜렷해서 계절에 맞는 음식을 먹어야 했어요. 그래야 건강하게 살 수 있거든요. '철이 없다'는 말도, 자연의 순리를 거스르며 제 철을 모르는 것을 두고 비유한 표현이지요.

옷도 마찬가지죠. 우리나라 옷은 참으로 다양하고 예쁘잖아요? 그리고 철마다 다른 옷을 입어야 했고, 그러다보니 속옷 문화가 발달한 것이죠.^-^* 그래서 우리의 입장에서 보면 일본인들은 야만인 같고, 성문화가 엉망인 것으로 보였던 것이죠. 그래서 '야만스런 쪽발이'라는 욕과 '더러운 조센징'이란 욕이 나온 것이죠.-_-;;

1 왜 한국인과 일본인은 '야만스런 쪽발이'나 '더러운 조센징!'이란 욕을 서로 했을까요?

2 왜 제철에 나는 음식을 먹는 것이 건강에 좋을까요?

나 문화절대론과 문화상대론

문화가 인간의 행동을 결정한다는 것이 '문화결정론'입니다. 그리고 이 입장에서 주장하는 것이 '문화절대론'입니다. 문화절대론은 가치 정당화의 방법을 이성(理性)이나 신(神)의 권위에서 찾습니다. 따라서 가치 있는 것은 언제 어디서 누구에게나 적용되는 보편성과 구속력을 가지며, 또 영원히 참된 것이 있다고 보는 입장입니다. 이 입장에서는 서양의 문화는 선진 문화이기 때문에 좋은 문화이고, 동양의 문화는 서양의 문화에 지배당했으므로 후진 문화라고 생각하는 것입니다.

이에 비해 문화란 인간이라는 생물의 풍속과 습관, 진화 과정을 탐구하는 학문이고, 인간이 처한 환경과 사회에 따라서 다르다는 것이 '문화상대론'입니다. 이 입장에서는, 문화란 인간이 처한 자연 환경 속에서 최선의 삶을 추구하면서 생긴 것이기 때문에 좋은 문화와 나쁜 문화의 구분은 있을 수 없다는 것입니다. 문화적 상대론에서의 가치 정당화 방법은, 그 사회 문화에서 요구하는 바람직한 행위나 사회적 행위라면 인정을 받고 그렇지 못하다면 거부되는 입장을 취하고 있습니다. 따라서 어떤 것이 좋고 어떤 것이 올바른가 하는 구별은 의미가 없다는 것입니다.*^_^*

이것은 특정한 사회 체제는 그들이 속한 자연 환경에서 최선의 삶을 살기 위해 마련된 문화일 뿐이라는 것입니다. 우리 사회에서는 일부일처제(一夫一妻制)가 옳다고 여기나 다른 사회에선 일부다처제(一夫多妻制)를 시행하고 있는 것이 그 한 예입니다.

1 과연 좋은 문화와 나쁜 문화란 존재하는 것일까요?
2 좋은 문화와 나쁜 문화를 구분해줄 기준이 있을까요?

다 세계의 해석과 이해 — 제 똥 구린 줄 모른다

▿아빠 : 우리나라 속담에 ① '제 똥 구린 줄 모른다'는 재미있는 속담이 있어요. 남규는 똥 냄새가 어때요?
▿남규 : 퀴퀴하고 더러운 냄새가 나요.
▿아빠 : 그래요. 똥은 다 구린 냄새가 나지요. 그런데 자기가 눈 똥은 구린 줄을 모른다는 말은 자신의 잘못은 느끼거나 보기 힘들지만 남의 잘못은 보기 쉽다는 것을 말해요. 이야기

하나 할게요? ^&^

어느 날 꿀단지에 내려앉은 파리 한 마리는 꿀이 자기 구미에 아주 맛있다는 것을 알게 되었대요. 파리는 가장자리에서부터 점차로 가운데로 꿀을 핥아갔대요. 그러니 어떻게 되었겠어요?

▿남규 : 가운데까지 갔다가 다리와 날개에 꿀이 묻어 꼼짝 못하게 되었겠지요.^^

▿아빠 : 그래요.^^ 바로 그때 나방이 그런 파리의 모습을 보았대요. 그리고는 '오! 이 어리석은 파리야! 너는 얼마나 욕심을 부렸기에 그런 꼴을 당했니? 네 식욕이 너무 과해서 너를 망쳤구나!'라며 놀렸대요. 불쌍한 파리는 할 말이 없었지요.

시간이 지나 저녁이 되었지요. 등불이 켜지자 나방은 등불 주위를 빙빙 돌면서 날기 시작했대요. 그리고 점점 불길 쪽으로 가까이 다가갔대요. 그리고는 마침내 그 불길 속으로 곧장 날아 들어가서 타죽었대요. 이것을 본 파리는 '저런! 너도 역시 어리석구나! 너는 내가 꿀을 너무 좋아한다고 비웃었지만, 너의 온갖 지혜도 네가 불장난하는 것을 막지는 못했구나!'라며 비웃었대요.

▿남규 : ② 정말 바보 같군요.

[1] 밑줄 친 ①의 의미가 무엇인지를 말해준 문장을 찾아 밑줄을 쳐보세요.

[2] 밑줄 친 ②에서, 무엇이 바보 같다는 이야긴가요?

[해답]

1 자신의 잘못은 느끼거나 보기 힘들지만 남의 잘못은 보기 쉽다.

2 파리가 꿀을 너무 좋아하다 꿀단지에서 헤어나지 못하고 곤경에 빠진 것과, 나방이 죽을 줄 모르고 불로 뛰어 들어간 것.

제 9 강

언어가 없어진다면 …

가 외국어 공부의 중요성

오늘은 아빠가 어떻게 다른 나라 사람들하고 대화를 나눌 수 있었느냐는 재영이의 두 번째 질문에 답을 할게요. 먼저 아빤 영어를 조금 할 줄 알아요. 그리고 중국어는 할 줄 모르지만 읽고 쓸 줄 아는 한자는 조금 많이 있어요. 그래서 중국에서는 한자와 손짓, 발짓으로 의사 소통을 했고, 캄보디아와 타일랜드에선 영어와 보디랭귀지(body language)로 말을 했지요. 물론 깊은 이야기는 못 나누었지요.^_^;; 역사적이고 문화적인 이야기는 여행 전에 미리 책과 인터넷으로 공부를 해두었지요. 그리고 깊은 이야기는 관광 가이드를 통해서 듣

고 나누었단다.^^

이 아빠가 중국에 갔을 때는 필담(筆談)으로 그곳 사람들하고 이야기했단다. 필담이란 말 대신 글자를 가지고 의사를 소통하는 걸 말하지. 마치 편지처럼 말이야. 물론 그곳 중국인들이 사용하는 한자를 갖고 했지. 한자는 중국인들의 글이거든. 이 아빤 다행히 철학과를 나와서 한자를 조금 읽고 쓸 줄 알거든. 그래서 그곳 중국인들과 한자를 갖고서 말을 했단다. 물론 한자 사전인 옥편(玉篇)도 갖고 갔었지요.^&^

이 아빠가 타일랜드와 캄보디아 그리고 중국에서 사용했던 말은 대부분이 영어였단다. 물론 중국인들은 거대한 땅덩어리와 수천 년의 역사를 가진 민족이라는 자부심 때문에 영어를 알면서도 사용하지 않았지만 말이다. 아쉬우면 자기네 말을 배우라는 식이지.^-^ 그래서 이 아빤 중국어보단 영어를 조금 더 잘했지만, 한자로 필담을 한 것이란다.

이 아빤 재영이와 남규가 '약한 자 힘 주고 강한 자 바르게 사는 세상'을 만드는 일에 힘을 쏟았으면 한단다. 그리고 그 일을 하려면 실력이 있어야 할 것이고, 실력 중에 가장 기본이 되는 것은 '언어'라는 생각이 드는구나. 언어는 말과 글이란다. 아빠가 여러 나라를 돌아다니면서 그래도 먹고 자고 쉴 수 있었던 것은 나름대로 통할 수 있는 언어가 있었기 때문이란다. 그것은 '영어'와 '중국어'였지. 그래서 이 아빤 너희들이 중국어와 영어만큼은 확실하게 공부했으면 한단다. 특히, 한자와 한문 공부는 더더욱 그렇단다. 왜냐 하면

장차 이 세계는 13억의 중국인들이 운영할 것이고, 또 우리 조상들이 남긴 많은 지혜가 거의 다 한문으로 이루어졌기 때문이지.

나 언어는 세상을 설명하는가 창조하는가?

이 세상은 기본적으로 경이(驚異)의 세상입니다. 어린아이에게 이 세상은 존재하되 존재하지 않는 탐구의 대상이고 놀라움의 세계입니다. 자신의 눈앞에 보였다 사라지는 손이 자기 것인지 또는 그 어떤 사물인지 젖먹이 아이는 알 수 없습니다.^-^ 주체(主體)와 객체(客體)의 구별이 아직 없기 때문에 아이는 자신의 눈앞에 보였다 사라지는 그 손이 자기 신체의 일부란 것을 모르고 있습니다. 이 때문에 젖먹이 아이에게 보였다 사라졌다 하는 자신의 손은 놀라움의 대상으로 존재하는 것입니다. 이런 아이가 자라면서 언어를 배우고, 이 세상 모든 사물들이 언어를 통해서 스스로 나타낸다는 사실을 깨닫게 되면서, 그 아이는 '꼬마 철학자'가 됩니다. '상징적 동물'이 되는 것이죠.

그 아이에게 이 세상 모든 것들은 신비의 대상이고 놀라움의 대상입니다. 이윽고 언어를 배우기 시작한 '꼬마 철학자'는 자신이 체험하고 경험하는 이 놀라운 세상에 대해 알기 위해 끊임없이 질문을 던집니다.

비는 왜 하늘에서 내리는지, 내린 비는 어디로 가는지, 바다로 간다면 그 바다에서의 증발은 어떻게 일어나는지, 증발한 바닷물은 어떻게 구름으로 존재하는지 …….

'꼬마 철학자'는 이 세상에서 체험하는 수많은 개별적 사물들에 대해서 질문합니다. 소방차, 앰뷸런스, 관광 버스, 트럭, 버스, 레미콘, 지게차, 순찰차, 기차, 전철 등 수많은 차들을 경험하면서 그는 그것들의 공통점과 특징을 찾아 나름대로 정리하면서 개념을 세워 이 세상을 파악합니다. 그리고 하나 둘 쌓인 개념은 그에게 사람이 타고 다니는 승용차와 짐을 실어 나르는 화물차란 추상화한 개념마저도 인식할 수 있게 합니다.

사람은 결국 언어를 가지고 이 세상을 설명하고 이해합니다. 달리 말하면 언어가 있음으로 해서 이 세상은 존재의 의미를 갖게 되고, 사물은 자신을 나타내게 됩니다.

이제 이 언어의 올바른 사용을 위한 학문인 '논리학(論理學)'을 공부하기 위해서 여러분과 제가 본격적인 학문의 세계로 여행을 떠나볼까 합니다.

1 다음 문장을 완성해보세요.

(1) 만약 내 이름이 없어진다면, ____________________

____.

(2) 만약 인간 사회에서 말이 없어진다면, ____________

______________________________.

(3) 개념이 없다면, ______________________________

______________________________.

2 '그 사람은 개념이 없어!'라는 말은 어떤 현상을 두고 하는 말일까요?

3 만약 인간 사회에서 '말[言]'이 없어진다면 어떻게 될까요?

다 세계의 해석과 이해 — 발견과 발명

▿아빠 : 재영아! 앞서 공부한 '발명(發明)'과 '발견(發見)'의 차이점을 알고 있겠지?

▿재영 : 그럼요. 발명은 여태까지 없던 기술이나 물건을 새로 생각해내거나 만들어내는 것을 말하잖아요.

▿아빠 : 그럼 발견은?

▿남규 : 다른 사람이 미처 찾아내지 못했던 것을 새롭게 찾아내는 것을 말하잖아요.

▿아빠 : 잘 알고 있구나. 그럼 사람들이 새로 찾아낸 것은 어떤 것들이 있을까?

▿남규 : 그야 이탈리아의 콜럼버스♠가 신대륙을 발견한 것도 그런 것이겠죠. 그리고 천문학자들이 새로운 별을 찾아낸 것

♠ 콜럼버스(Columbus, Christopher : 1451~1506) : 아메리카 대륙을 발견한 이탈리아의 탐험가입니다.

도 있고요.^-^

▽아빠 : 남규가 장난만 하는 줄 알았는데. 놀라운 걸.^^ 정말 남규는 에디슨♠처럼 발명왕이 되려나봐요.

▽재영 : 아빠! 인간이 발명한 것 중에서 제일 중요한 것은 무엇이에요? 남규가 에디슨처럼 자기도 발명왕이 되겠다고 하는데 ……, 궁금해서요.

▽아빠 : 정말 그래? 이 아빠가 남규의 재능을 잘 몰랐구나.^_^ 아빤 숫자를 포함한 문자라고 생각해요. 그리고 바퀴 같고요. 재영이는?

▽재영 : 전기요!

▽아빠 : 왜 그렇게 생각하지요?

▽재영 : 만약 지금 시대에 전기가 없다면 아무것도 하지 못하잖아요. 컴퓨터도 못하고 텔레비전도 못 보고 전화도 못 하고 ……, 아무것도 못 할 것 같아요.

▽아빠 : 그렇구나.

▽재영 : 그런데 아빠는 왜 문자와 바퀴라고 하셨어요?

▽아빠 : 문자가 없었다면 인간의 지식을 축적시킬 수 없었을 거예요. 그리고 또 지금 재영이랑 이런 대화도 나눌 수가 없잖아요? 그리고 바퀴의 발명은 인류 역사상 큰 건물들을 짓게 하였고, 운송 능력을 확대했잖아요?

♠ 에디슨(Edison, Thomas Alva : 1847~1931) : 축음기(전축), 백열 전등, 영화촬영기, 영사기 등 수많은 발명을 한 미국의 발명가입니다. '천재란 99퍼센트의 땀과 1퍼센트의 영감(靈感)으로 이루어진다'는 말로 유명합니다.

▿재영 : 학교 선생님이 그러셨는데, 잉카 문명♠이 망한 이유를 어떤 사람들은 바퀴를 발명하지 못했기 때문이라고 했던데요?

▿아빠 : 그랬어요?^^ 하지만 그것은 잉카인들이 바퀴를 발명하지 못한 것이 아니라, 둥근 모양의 원(圓) 형태를 태양신의 모형으로 여겨서 신성하게 생각했기 때문이에요. 선생님께 다시 한 번 여쭈어보세요. 선생님들도 가끔은 잘못 알 수가 있어요.

▿재영 : 아빠는 문자와 바퀴 중에서 어떤 것이 더 위대한 발명이라고 생각하세요?

▿아빠 : 아빤 바퀴도 중요하지만 역시 문자가 더 중요한 것 같아요. 선사 시대와 그 이후의 유사(有史) 시대를 구분하는 조건이 바로 문자가 있느냐 없느냐로 구분하거든요. 문자가 있었다는 것 자체가 바로 원시인에서 사람으로 바뀌는 것이에요. 선사 시대와 역사 시대는 문자가 있느냐 없느냐로 구분한답니다. 문자가 있는 시대를 역사 시대, 문자가 없는 시대를 선사 시대라 하는 것이죠.^&^ 참고로 중국에서는 자신들의 최고의 발명품을 종이 · 화약 · 나침반으로 여긴대요. 문자가 발명되면서 인류가 지식을 축적할 수 있게 되었지요. 그리고 바퀴의 발명으로 인류의 생활권이 대폭 늘어났지요.

♠ 15세기에 잉카가 페루를 통일하면서 안데스산맥 일대를 중심으로 형성되었던 수준 높은 문화를 말합니다. 이들 잉카족들은 자신들을 '태양의 아들'이라고 부르며 태양을 숭배했다고 합니다.

그래도 아빠 그 모든 인류의 정신적 가치를 남길 수 있었던 문자의 발명이 가장 위대한 발명인 것 같아요.

1. 강화도에 있는 고인돌 가운데 큰돌의 무게는 약 50톤이 나간다고 합니다. 몇 천 년 전의 청동기 시대에, 기중기도 없던 그 시절에 어떻게 그렇게 큰돌을 움직였을까요?
2. 여러분 각자는 인간의 발명 중에서 가장 중요하다고 생각하는 것이 무엇인지 그 이유와 함께 발표해보세요.

제10강
문제 해결하기

가 어려울 땐 쉽게 생각하라

재영이와 남규는 앞으로 세상을 살아가면서 어려운 문제를 많이 접할 거예요. 그럴 때마다 용기를 잃지 말고 문제가 무엇인지, 해결책은 무엇인지, 그 해결 방법은 어떻게 추진하는지를 차근차근 구분해서 생각하면 문제가 풀릴 거예요. 문제가 어려울 때는 처음부터 다시 생각해보세요. 그리고 '다르게' 생각해보세요. 남들처럼 하지말고, 때로는 남이 가지 않은 길에서 지름길을 찾을 수도 있을 거예요.

너희는『그리스 로마 신화』만화책을 보아서 잘 알 거예요. 그런데 이 이야기는 그 만화책에 나오지 않는 이야기예요.

재영이와 남규는 알렉산더♠가 누구인지 알죠? 이 알렉산더가 페르시아 원정을 한창 진행중이던 기원전 333년경의 일이었어요. 그는 프리기아라는 작은 나라의 수도 고르디움에 잠시 머무르고 있을 때였어요. 이곳은 현재 터키의 수도인 앙카라(Ankara)에서 그다지 멀지 않은 곳에 있었지요. 이 도시의 이름난 것 가운데 낡은 전차가 있었는데, 전설에 따르면 기원전 8세기경에 이 나라의 왕이 된 고르디우스♠♠의 것이었다고 해요. 고리디우스는 만지는 것마다 황금으로 변했다고 하는 그리스 신화의 미다스(Midas)의 아버지였어요.

전설에 의하면, 어느 날 제우스가 보낸 독수리가 고르디우스의 전차를 비끄러맨 밧줄 위에 앉았답니다. 이때부터 이 밧줄의 매듭은 왕권을 상징하는 것으로 여겨지게 되었대요. 그리고 신탁(神託)은 이 매듭을 푸는 자가 아시아 전체를 다스릴 것이라고 예언했답니다. 이런 고리디우스의 매듭이 야심만만하고 자부심 강한 알렉산더 앞에 놓이게 된 것이죠. 그는 매듭을 풀기 위해 고심에 고심을 거듭했대요. 그러다가 도저히 풀지 못하자, 알렉산더는 칼을 뽑아들고 멍에를 내리

♠ 알렉산드로스대왕(Alexandros the Great : BC 356~BC 323) : 마케도니아의 왕으로, 나이 스무 살에 왕에 올라(재위 BC 336~BC 323) 죽을 때까지 13년 동안에 많은 나라를 정복했습니다. 무엇보다 중요한 것은 그의 문화사적 업적입니다. 그는 유럽 · 아시아 · 아프리카에 걸친 대제국을 건설하여 그리스 문화와 오리엔트 문화를 융합시킨 새로운 헬레니즘 문화를 이룩하였습니다. '알렉산더 대왕', '알렉산드로스 3세'로도 불립니다.

♠♠ 고르디우스(Gordias) : 그리스 신화에 나오는 프리지아의 왕 이름입니다.^-^*

쳐 두 조각으로 만들어버렸다고 해요. 짧게 잘린 매듭 조각은 금방 풀렸겠죠. 물론 이것은 그다지 창조적인 행위는 아니죠. 하지만 알렉산더 이전에는 아무도 감히 그와 같은 생각을 하지 못했지요.

이처럼 문제가 풀리지 않을 경우에는 다른 방법으로 풀어보세요. 이것을 어려운 말로 '발상의 전환', '의식의 전환'이라고 해요.^^

알렉산더는 전차 아래로 맥없이 흘러내리는 멍에를 내려다보면서 칼을 높이 쳐들었어요. 그리고 이렇게 외쳤대요. "이제 짐이 아시아의 왕이노라!" 그리고는 인도 서쪽의 아시아를 정복했대요.^_^

1 다음의 A 와 B에서 나오는 사진의 주인공은 누구일까요?

A 나는 남자 형제도 여자 형제도 없는데, 이 남자(사진 속의 남자)의 아버지는 내 아버지의 아들입니다.

B 나는 남자 형제도 여자 형제도 없는데, 이 남자(사진 속의 남자)의 아들은 내 아버지의 아들입니다.

2 알렉산더처럼 '발상의 전환'이나 '의식의 전환'을 하여 성공 한 사례를 '(1) 역사적인 사실'과 '(2) 자신이 경험하거나 들었던 이야기'로 나누어서 말해봅시다.

[해답]

1 A에서 '내 아버지의 아들'은 누구일까요? 자기 자신이죠.^^ 그렇다면 금방

'제목 :   '

풀 수 있겠네요. 바로 아들의 사진이죠. B에서도 마찬가지로 자신의 아버지죠.^^ 2 콜럼버스의 달걀 세우기.

나 지식 없는 사랑과 사랑 없는 지식

아빠 : 오늘은 아빠가 '사랑'과 '지식'에 대해서 이야기하고자 해요. 훌륭한 사람이란 사랑에 의해서 움직이고 지식에

의해서 인도되는 생활을 하는 사람이라고 아빠는 생각해요. 지식이 없는 사랑이나, 사랑이 없는 지식만 갖고 생활하는 사람은 어느 쪽도 훌륭한 생활을 할 수 없다고 생각해요.

▿남규 : 왜 훌륭한 생활을 해야 하는 거예요?

▿재영 : 맞아요. 어떻게 사는 게 훌륭하게 사는 거예요?

▿아빠 : 너희들은 위인전을 읽어보았지요? 거기에 나오는 사람들은 어때요? 나라에 충성(忠誠)하고 부모에게 효도(孝道)하는 것은 기본이지요?^^ 그런데 아빠는 더 훌륭하다고 생각하는 사람이 있어요. 문익환♠ 목사님이나 마더 테레사♠♠수녀님 같은 분들요. 그 분들은 얼마든지 세상을 편하게 살 수 있었을 텐데도, 낮은 데로 임하시며 힘없고 약한 사람들과 함께 생활하셨어요. 그리고 절망과 고통 속에 빠진 사람들에게 꿈과 희망을 심어주며 살았어요.

▿엄마 : 왜 그렇게 살아야 해요? 당신에게도 그런 모습이 간혹 보여요.(--)(--) 마치 스님들이 이야기하는 것 같을 때가

♠ 문익환(文益煥 : 1918~1994) : 한국의 목사이자 민주화 · 통일 운동가로서 1992년에는 노벨평화상 후보로 추천되기도 하였습니다. 저서에는 『통일은 어떻게 가능한가』(1984), 『가슴으로 만난 평양』(1990), 『걸어서라도 갈 테야』(1990) 등이 있으며, 시집으로는 『새삼스런 하루』(1974)와 『난 뒤로 물러설 자리가 없어요』(1984) 등이 있습니다.

♠♠ 테레사(Theresa of Calcutta : 1910~1997) : 유고슬라비아 스코플레에서 태어나, 평생을 인도의 캘거타에서 가난하고 병든 사람들을 위해 구호활동을 펴면서 봉사와 희생의 삶을 살아 '빈자의 성녀'로 추앙을 받아온 분입니다. '마더 테레사'로도 불리며 세례명은 '아그네스'입니다. 1971년에 요한 23세 평화상을, 1979년에는 노벨평화상을 수상하였습니다.

있단 말이에요.

▿아빠 : 당신이나 아이들이 다르게 생각할지 몰라도, 우리는 이미 충분히 잘 살고 있다고 봐요.^-^ 서양의 중세기에 흑사병이 어느 나라에 퍼졌어요. 그런데 신부님들은 사람들에게 교회에 모여서 구원의 기도를 올리면 된다고 했어요. 어땠을까요? 그래요. 그 전염병이 모여서 기도하는 사람들 모두에게 엄청남 속도로 퍼져나간 거죠. 그래서 구원의 기도를 올리러 온 사람들은 오히려 빨리 전염되어 죽어갔어요. 그리고 요즘의 전쟁은 어때요? 미사일과 폭탄, 아니 핵폭탄으로 인해서 사람들은 수십만 명씩 한 번에 죽어가지요? 그런데 그 폭탄들은 어떤 것이에요? 최첨단 과학 무기이고 과학의 최고 결정체잖아요?

▿재영 : 맞아요! 너무나 무서워요. 이라크전쟁 때 벌어진 광경을 저도 인터넷으로 본 적 있어요. 왜 사람들은 전쟁을 하는지 모르겠어요?

▿아빠 : 그렇지요! 사랑이 없는 지식이나 지식 없는 사랑은 비극을 초래하게 돼요. 그래서 이 아빠 재영이가 지식과 사랑이 조화를 갖춘 사람이 되었으면 좋겠어요. 그래서 재영이가 배운 '사랑이 담긴 지식'을 힘없고 가난한 사람들을 위해 베풀었으면 좋겠어요.

1 사랑 없는 지식에는 어떤 것들이 있을까요?

2 지식 없는 사랑에는 어떤 것들이 있을까요?

[해답]

1 원자폭탄. 2 전염병에 걸렸을 때의 기도.

다 세계의 해석과 이해 — 모방과 창조

▽아빠 : '모방(模倣)'과 '창조(創造)'에 대해서 아는 사람?^_^

▽재영 : 모방은 본뜨는 것을 말하잖아요. 그리고 창조는 없던 것을 만드는 것이고요.

▽아빠 : 맞아요. 기본적으로 인간은 새로운 사물을 창조할 수는 없어요. 다만 자연을 모방해서 새로운 것을 만드는 것이지요.

▽재영 : 하지만, 아빠! 사람들은 창조 정신을 가져야 한다고 선생님이 말씀하시던데요?

▽아빠 : ^_^ 그건 새로운 생각을 해보라는 것이지요. 남들이 하니까 무작정 따라할 것이 아니라, 지금보다 더 좋은 방법은 없을까 하는 '새로운 방법'을 궁리해보라는 말이에요.^^ 그래서 '모방은 창조의 어머니'라고 하는 거예요.^&^ 사람들이 어떻게 비행기를 발명하고 잠수함을 발명했는지 알아요?

▽남규 : 비행기는 새들을 보고 만든 것 아니에요?

▽재영 : 그리스 로마 신화에도 나와요.^_^ 이카루스의 날개와 다이달로스♠ 이야기 말예요.

♠ 다이달로스(Daidalos)는 그리스 신화에 나오는 인물로서, 무엇이든지 잘

▿아빠 : 그럼 잠수함은?

▿남규 : 으음, 그거야 물고기들을 보고 만든 것 아닐까요?^-^

▿아빠 : 맞아요! 사람들은 자연을 모방해서 모든 것들을 발명하는 것 같아요.^-^ 그것도 인간들과 같은 동물들을 보고요.^&^ 동물들은 살아가는 데 필요한 능력을 본능적으로 갖고 있거든요. 뱀이 혀를 날름거리는 것은 열로써 주위의 환경을 파악하기 위한 것이에요. 이것은 적외선, 곧 열선 장치의 일종으로 사람들이 이용하게 되었지요. 왜 전쟁 영화나 첩보영화를 보면 어둠 속의 물체를 확인하기 위해 주인공들이 모자 같은 것을 쓰잖아요?^-^* 안경 같은 거 말예요 …….

그리고 레이더는 박쥐의 초감각 능력을 이용한 것이고요 ……. 박쥐는 전파를 쏘아 물체에 반사되어 되돌아오는 것을 통해 사물을 파악하는 능력이 있거든요. 그것을 사람들이 이용한 것이 레이더 기술이지요.^_^

영화에서 보면 도둑들이 빌딩을 기어오를 때 쓰는 매끄러운 유리관 있죠? 왜 유리벽에 붙이는 흡입 기구 말이에요. 그것은 무엇을 모방한 것일까요?

만든다는 '명장(名匠)'이라는 뜻의 이름인데, 대장간의 신(神) 헤파이토스의 자손입니다. 그리고 이카루스(Icarus)는 그리스 신화에 나오는 다이달로스와 미노스의 여종 나우크라테의 아들입니다. 다이달로스는 미궁에서 탈출하기 위해 새의 깃털과 밀랍으로 날개를 만들어 붙이고, 그의 아들 이카루스와 함께 하늘로 날아 탈출하였습니다. 하지만 이카루스는 하늘 높이 올라가지 말라는 아버지의 경고를 잊은 채 높이 날아올랐고, 결국 밀랍으로 붙인 날개가 태양열에 녹는 바람에 에게해에 떨어져 죽었습니다. 이 신화에서 비롯된 '이카루스의 날개'는 미지의 세계에 대한 인간의 동경을 상징합니다.

▿재영 · 남규 : …… ?

▿아빠 : 그건 도마뱀의 발을 보고 힌트를 얻었대요.^_^ 그리고 가볍고 질긴 거미줄은 방탄 섬유 개발에 응용되었고요. 방탄 조끼는 여기서부터 발명되었대요.^_^

▿재영 : …… 자연은 정말이지 인간에게 영원한 선생님인 것 같아요.

▿아빠 : 재영이는 '쥐' 하면 떠오르는 것이 뭐가 있어요?

▿재영 : 징그럽고 무서운 거요.

▿아빠 : 그런데 그 쥐 덕분에 인간들이 도움을 받은 적도 많아요. 재영이도 들었겠지만, 쥐는 아주 번식력이 뛰어나요. 옛날에 지진이나 대형 화재로 먹을 것이 없었던 마을에서는 식량이 없어 쥐를 잡아먹기도 했대요. 쥐 고기는 질기지도 않고 맛도 좋다고 해요. 그래서 동남아시아 지방에서는 쥐 고기 통조림이 유행했던 적도 있었어요. 그런데 이 쥐가 지진이나 화재, 배의 침몰 같은 징조를 미리 알아차리는 능력이 뛰어났대요.

1 '모방은 창조의 어머니'라는 말의 의미는 무엇일까요?

2 자연을 모방해서 만든 것들에는 위에 예로 든 것들 외에 또 어떤 것들이 있을까요?

제11강
속담에 나타난 지혜

가 정신적 유희 — 수수께끼 맞추기

오늘은 아빠가 수수께끼를 낼 테니까 알아맞혀 보세요.^^ 알아맞히는 사람에게는 아빠가 선물을 할게요!

(1) 밥은 밥인데 못 먹는 밥은 무엇일까요?^^
(2) 하늘을 나는 새들이 사용하는 화장실은 무엇일까요?^-^
(3) 예수님과 부처님이 가장 싫어하는 영화는 무엇일까요?^-^
(4) 여행 갔다가 돈이 떨어지면 어떻게 해야 할까요?^-^
(5) 새는 새인데 가장 빠른 새는 무엇일까요?^-^
(6) 남의 물건을 자기 물건 보듯 하는 사람은?
(7) 입으로 먹지 않고 귀로 먹는 것은?^-^

(8) 하늘에 있는 '개' 넷은 무지개 · 솔개 · 안개 · □개다.
(9) 쫓아다니지 말라고 아무리 사정해도 쫓아다니는 것은?
(10) 언제나 까만 마음(흑심)을 품고 있는 것은?
(11) 사온다고 하면서도 못 사오는 것은?^_^
(12) 큰 숲 밑에 작은 숲, 작은 숲 밑에 깜박이, 깜박이 밑에 훌쩍이, 훌쩍이 밑에 쩝쩝이가 있는 것은?^_^
(13) 얼굴은 여섯 개고 눈은 21개가 있는 것은?^_^
(14) 어두우면 잘 보이고 환하면 안 보이는 것은?
(15) 남이 이상해야 먹고사는 사람은?
(16) 물에서 태어났으면서도 물에 들어가면 죽는 것은?^_^
(17) 아무리 속력이 빨라도 앞차를 따라잡을 수 없는 것은?
(18) 빨리 도망가야 이기는 것은?
(19) 눈으로는 볼 수 없는데도 본다고 하는 것은?^_^
(20) 먹으면 죽는데도 반드시 먹어야 하는 것은?^_^
(21) 어른과 아이가 가고 있는데, 아이는 그 어른을 아버지가 아니라고 하는데 그 어른은 아들이라고 한다. 어른은 누구일까?^_^
(22) 전 세계 어디를 가도 네 개밖에 없는 것은?
(23) 내가 가지고 있는데 남이 더 많이 쓰는 것은?^_^
(24) 발버둥치는 사람만 모여 있는 곳은?
(25) 이 세상 모두 덮을 수 있는 것은?^_^
(26) 자기 전에 꼭 하는 일은?
(27) 남자에게는 있고 여자에게는 없는 것, 아줌마에겐 있고

아저씨에겐 없는 것, 처녀에겐 없고 총각에겐 있는 것은?
(28) 나는 무엇일까요?^-^ 야구에는 있고 쿵후에는 없다. 탁구에는 있고 유도에는 없다. 럭비에는 있고 수영에는 없다. 축구에는 있고 마라톤에는 없다. 배구에는 있고 레슬링에는 없다. 나는 무엇일까요?^-^
(29) 놀부의 여동생 이름은 놀자, 놀숙, 놀녀라고 한다. 그렇다면 남동생 이름은?^-^
(30) 못 먹는 밥의 종류는 전부 몇 가지일까요?
(31) 성형 수술한 부부에게선 어떤 아기가 태어날까?
(32) 인터넷에서만 볼 수 있는 색은?
(33) 1년 중 28일이 있는 날은 모두 몇 개월일까요?

[해답]

(1) 톱밥 (2) 공중 화장실 (3) 부귀영화 (4) 도로 주우면 되지요! (5) 눈 깜짝할 새 (6) 도둑 (7) 욕 (8) 번개 (9) 그림자 (10) 연필 (11) 못 (12) 얼굴 (13) 주사위 (14) 별 (15) 치과 의사 (16) 소금 (17) 기차 (18) 달리기 (19) 맛 (20) 나이 (21) 어머니 (22) 동서남북 (23) 이름 (24) 수영장 (25) 눈꺼풀 (26) 눈감기 (27) 글자의 받침 (28) 글자 'ㄱ' 또는 '공' (29) 흥부 (30) 82가지[쉰밥(50) + 서른 밥(30) + 눈칫밥(1) + 톱밥(1)] (31) 갓난아기 (32) 검색 (33) 12개월.

나 속담에 나타난 지혜 — 기후 알기

상자 안의 내용 가운데 아래 속담과 관련 있는 것을 괄호

속에 번호로 써넣으세요.

① 태풍이 자주 접근하여 무덥고 비가 자주 올 때 모기가 발생하기에 좋은 조건이 된다. ② 저기압 접근으로 기압이 하강하면 수중 산소가 증발하기 쉬워져서 산소가 결핍되어 호흡 곤란으로 수면 위로 떠올라 호흡하는 것으로 생각된다. ③ 날짐승들은 대부분 공기의 밀도 · 기온 · 습도 등에 민감한 반응을 보이게 되므로, 갈매기가 낮게 나는 것은 기압 변화를 감촉하고 먹이 준비를 위하여 부산하게 움직인다는 뜻이다. ④ 비둘기는 비가 올 것 같으면 집을 잃을까봐 짝을 부르고, 까치는 건조한 것을 좋아하므로 날씨가 좋아지면 소리를 지른다. ⑤ 개미는 습기 감지 능력이 매우 뛰어나 저기압 상태가 되면 비가 올 것을 예감하고 안전 지대로 옮겨가는 습성이 있으므로, 개미가 집단으로 이동하는 것을 보면 비가 올 것을 예상할 수 있다. ⑥ 날벌레들은 기압 변화에 민감함으로 고추잠자리가 낮게 난다는 것은 저기압이 접근하여 곧 비가 올 것이라는 뜻이다. ⑦ 비가 그쳐서 먹이를 잡기 위해서 집을 짓는 것임. ⑧ 제비의 먹이인 모기 등 곤충 따위가 저기압 접근 등으로 습기가 많아지면 피할 장소를 찾아 지면 가까이 날아다니게 된다. ⑨ 참새는 날씨의 맑음에 아주 민감하다. 날씨가 좋으면 그만큼 일찍 지저귀게 된다. ⑩ 저기압 접근으로 고온 다습해지면 동물은 신체 계통에 영향을 받아 특이한 행동을 하는 것 같다. ⑪ 여름 날씨가 순조로울 때 과실이 풍부하게 열린다. 곧, 일반적으로 북태평양 고기압이 발달한 해로서 이러한 경우 태풍이 내습하는 경향이 많다. ⑫ 낙엽이 예년보다 빨리 진다는 것은 일찍 대륙성 고기압이 발달한 해로서 그만큼 첫 눈이 빠르다고 볼 수 있다.

(1) 갈매기가 낮게 날면 비가 온다.(　)

(2) 개미가 떼지어 이사하면 비가 온다.( )
(3) 거미가 집을 지으면 비가 그친다.( )
(4) 고양이가 소란을 피우면 비가 온다.( )
(5) 모기 많은 해는 폭풍이 온다.( )
(6) 물고기가 입을 내놓고 호흡하면 비가 올 징조다.( )
(7) 비둘기가 울면 비, 까치가 울면 맑음.( )
(8) 잠자리가 낮게 날면 비가 온다.( )
(9) 제비가 지면(地面) 가까이 날면 비가 올 징조다.( )
(10) 참새가 이른 아침부터 지저귀면 날이 맑다.( )
(11) 감, 배 같은 과일이 풍작이면 폭풍우가 있다.( )
(12) 낙엽이 일찍 지면 첫 눈이 빠르다.( )

[해답]

③ ⑤ ⑦ ⑩ ① ② ④ ⑥ ⑧ ⑨ ⑪ ⑫

다 세계의 해석과 이해 — 불의 발견

인간이 다른 동물들보다 앞설 수 있었던 것은 불을 발견했기 때문입니다. 본래 불은 그 어떤 동물도 얻을 수 있는 자연적 상태의 것이었습니다. 그런데 인간은 직립 보행(直立步行)을 하면서 두 손을 자유롭게 쓸 수 있게 되었고, 언어를 사용하면서 자신의 경험을 전해줄 수 있었습니다. 맨 처음

인간은 자연에서 불을 얻어다 썼습니다. 그러다가 불을 불씨 주머니에 보존하게 되었고, 나중에는 불을 만들어 쓸 수 있게 되었습니다.

그리고 인간은 이 불을 통해서 다른 동물들이 갖지 못하는 무기를 만들기 시작했습니다. 다른 동물들보다도 약한 턱을 가졌기에 인간은 불에 음식을 익혀 먹게 되었습니다. 여기서 요리가 발달하기 시작한 것이지요. 또한 인간은 이 불을 이용해서 더욱 강하고 날카로운 무기를 만들 수 있게 되었으며, 덕분에 그 어떤 동물보다도 강한 힘을 지니게 된 것입니다.

불의 발달은 ① 자연에서 획득하는 불 ② 스스로 만드는 자연적인 불 ③ 전기 ④ 원자력으로 이어졌습니다. 그리고 앞으로는 무궁무진한 ⑤ 태양을 이용하는 일이 남았습니다. 그리고 인간은 결국 자연력인 태양을 이용할 것입니다.

불의 사용으로 인해서 인간은 그 어떤 동물보다도 강하게 되었습니다. 그러나 안타깝게도 인간은 그 거대하고 엄청난 힘을 잘못 사용할 때가 있었습니다. 인간이 불을 발견하여 얻은 힘을 계속 잘못 사용한다면, 인류는 스스로 멸망할 것입니다. 제1차와 제2차에 걸친 세계대전이 끝나고, 제3차 세계대전이 언제 어떻게 일어날지 알 수 없습니다. 그러나 우리 스스로가 알 수 있는 것은, 불의 이 엄청난 위력이 제3차 세계대전에 사용된다면, 제4차 세계대전에는 돌멩이가 사용될 것이라고 확신할 수 있습니다.^&^

1 밑줄 친 ①~⑤에 해당하는 것들을 써보세요.

2 인간이 불을 잘못 사용한 예를 들어보세요.

3 만약 제3차 세계대전이 일어났고, 이어 제4차 세계대전이 또다시 발생한다면, 왜 제4차 세계대전에는 돌멩이가 사용된다고 했을까요?

[해답]

1 ① 번갯불 / 산불 ② 화롯불 등 ③ 전깃불 ④ 원자력발전소 ⑤ 태양열.

제12강
이 세상 모든 것은 연결되어 있다

가 직업 연상하여 잇기 게임

▿아빠 : 여보, 그리고 재영이, 남규야! 우리 게임할까? 말 잇기 게임은 너무 많이 했으니, 연결시키는 게임을 하자. 예를 들면 '쌀'이라고 아빠가 이야기하면 이 '쌀'과 관련된 사람들을 이야기하는 거야. 어때 한번 해볼까?

▿남규 : 좋아요! 그런데 잘하는 사람에겐 상을 주실 거죠? 상은 어떤 걸로 주실 거예요?

▿아빠 : 좋아. 상품은 자기가 원하는 것을 요청하기로 해요. 그리고 아빠도 잘하면 재영, 남규도 아빠한테 상을 주어야 해요? 알겠죠?

▿남규 : 좋아요.

▿재영 : 저도 좋아요. 그런데 아빠 저희한테 뭘 요구하실 건데요?

▿아빠 : 그건 비밀.^^ 그럼 아빠부터 한다. 농부!

▿재영 : 방앗간 아저씨!

▿엄마 : 비료 만드는 공장 아저씨!

▿남규 : 전기밥솥 만드는 공장 아저씨!

▿아빠 : 교장 선생님!

▿재영 : 타임! 아빠, 쌀과 교장 선생님이 무슨 관계가 있어요?

▿아빠 : …… 어, 그건, 응, 학교와 학생이 있어야지 선생님인 아빠가 가서 그 학생들을 가르치지요. 그리고 월급을 받아서 쌀을 사서 밥을 해먹을 수 있지, 안 그래요?

▿엄마 : 에이, 그런 게 어디 있어요? 그건 좀 억지다. 그럼 이 세상 모든 사람들이 다 쌀과 관련된 사람들이게요?

▿아빠 : 아니 그렇다면 당신은 쌀 안 먹고살아요? 새벽에 일하시는 청소부 아저씨도 쌀과 관계 있잖아요?

▿엄마 : 그 분이야 물론 있지요. 우리가 밥을 먹게 되면 음식 찌꺼기가 남게 되잖아요? 그리고 그것을 버리잖아요? 그러면 치울 사람이 필요하고, 청소부 아저씨는 그것을 치우면서 월급을 받고 ……. 어머?! 그러고 보니 쌀과 관련 있지 않은 사람이 없네.^^

▿아빠 : 바로 그거예요. 이 세상 모든 것들은 다 연결되어 있어요. 그래서 사람은 혼자서는 살 수 없는 것이고요.

1 쌀과 연결된 사람을 모두 써보세요.

2 여러분의 아빠, 엄마 직업이 왜 쌀과 관련되어 있는지 여쭈어보세요.

나 인간은 사회적 동물이다

그렇다면 우리가 왜 물자를 낭비하면 안 되며, 죄를 지으면 안 되는 줄 알겠어요? 이 세상은 모두 연관되어 있기 때문입니다. 내가 죄를 짓게 되면 그것은 어느 순간 나에게 손해를 끼치게 됩니다. 내가 있기에 네가 있는 것이고 너와 내가 만나서 우리가 되는 것입니다. 부모가 있기에 자식이 있고, 동물에게도 암컷인 여자가 있기에 수컷인 남자가 있는 것입니다. 마치 사람에게 남자가 있기에 여자가 있는 것처럼 말입니다. 그리고 세상이 그래도 살 수 있는 이유는 나쁜 사람들보다는 착한 사람들이 아직은 더 많기 때문입니다.

우리 인간은 혼자서는 살 수 없습니다. '인간(人間)'에서 사람 '인(人)' 자는 남과 여 또는 여와 남을 말하는 것입니다. 그리고 사이 '간(間)' 자는 사람과 사람 사이의 '관계'를 말하는 것입니다. 인간이란 말 속에는 이미 사회적 존재 또는 사회적 관계를 맺고 있다는 의미가 있습니다.

이처럼 사람이 살아가는 데에는 여러 가지 필요한 것이

있습니다. 그리고 그 필요한 것에는 '① 꼭 필요하다 ② 어느 정도 필요하다 ③ 필요 없다'로 나누어 생각해볼 수 있습니다. 다음의 것들은 ①, ②, ③ 중에 어디에 속하는지 답해보고 그 이유를 말해보세요.

(1) 만화책(　) / 이유 :

(2) 텔레비전(　) / 이유 :

(3) 가정(　) / 이유 :

(4) 학교(　) / 이유 :

(5) 사회(　) / 이유 :

(6) 국가(　) / 이유 :

(7) 세계(　) / 이유 :

(8) 우주(　) / 이유 :

(9) 하느님(　) / 이유 :

(10) 칭찬(　) / 이유 :

(11) 야단(　) / 이유 :

(12) 몽당연필(　) / 이유 :

(13) 여자 친구(남자 친구)(　) / 이유 :

(14) 컴퓨터(　) / 이유 :

(15) 게임(　) / 이유 :

(16) 자동차(　) / 이유 :

(17) 집(　) / 이유 :

(18) 옷(　) / 이유 :

(19) 음식(　) / 이유 :

(20) 이웃(　) / 이유 :

다 세계의 해석과 이해
— 인간은 언어와 도구를 사용하는 사회 문화적 존재

인간이 다른 동물과 구별되는 가장 기초적인 이유는 두 발로 걸어다녔다는 사실입니다. 직립 보행을 하면서 두 손이 자유로워졌습니다. 그리고 도구를 사용하기 시작했습니다. 도구를 사용하면서 인간은 두뇌가 발달하게 되었습니다. 무거운 두뇌를 떠받치기 위해서 인간의 척추는 다른 동물에 비해 많은 하중을 받게 되었습니다. 이 때문에 포유류 동물 가운데 오직 인간만이 '디스크'와 '변비'라는 병을 갖게 된 것입니다.-_-;; 자연은 공정한 것입니다. 자연에서 얻은 것이 있으면 그에 상응하는 것을 반드시 잃게 되어 있습니다.

발달한 두뇌는 인간의 상징인 언어와 문자를 통해서 더욱 더 발달하게 되었습니다. 그리고 역사가 흐르면서 인간은 만물의 영장(靈長)으로 성장하게 된 것입니다. 상징 체계의 대표적인 언어를 통해서 인간은 자신의 지적 체험을 기록으로 남기게 되었습니다. 그리고 인간의 그 경험들은 쌓이고 쌓였습니다. 이리하여 인간은 문화적 존재가 되었습니다. 이제 인간은 사회적 집단 생활과 문화적 교류를 통해서 급격하게 변화하고 발전하게 되었습니다.*^_^* 이것이 인간이 만물의 영장이 된 원인입니다.

1 상자 속의 ①과 ②처럼 '나'를 주제로 글을 써보세요.

① 나는 여행을 다니며 공부하고 책을 읽고 쓰고 싶다. 하지만 그렇게 되면 나는 사회적 생활을 할 수 없을 것이고, 돈도 못 벌게 된다. 따라서 나는 하기 싫어도 직장 생활을 해야 한다. ② 사람들은 때론 하기 싫은 일도 한다. 반면에 하고 싶은 일이라도 하지 못할 때도 있다. 나는 내가 일하고 싶을 때 일하고, 쉬고 싶을 때 쉬는 생활을 하고 싶다. 하지만 나는 아침 8시까지는 출근해야 한다. 학교와의 약속이고, 학생들이 기다리고 있기 때문이다.

(1) 나는 ______만 하며 살고 싶다. 하지만 그렇게 되면 나는 __________때문에 곤란하게 된다. 왜냐 하면 ________하기 때문이다. 따라서 나는 ____________________________.

(2) 때때로 사람들은 하기 싫은 일도 해야 할 때가 있다. 반면에 정작 하고 싶은 일을 하지 못할 때도 있다. 나는 ____________________. 왜냐 하면, ________________________ ______ 난 ________________________________.

셋째 마당

형식 논리학의 기본 법칙

가는 정이 있어야 오는 정이 있다.

가는 방망이 오는 홍두깨.
(되로 주고 말로 받는다.)

제13강
논리학의 의미

가 말[言]과 세상

오늘은 아빠가 스무 고개 식으로 문제를 낼게요. 재영이와 남규는 아빠가 이야기하는 것이 무엇인지 알았을 때는 '삐!' 하고 소리를 치세요.

(1) 나는 문화와 문명 그리고 학문 발전의 기초입니다.

(2) 나 없이는 사람들이 동물과 구별될 수 없었습니다.

(3) 나는 사람에게만 있다고 합니다.

(4) 나는 인간이 태어나면서 죽을 때까지 배우고 쓰는 것입니다.

(5) 우리는 부족하지만 지금 이것을 모두 사용하고 있습니다.

(6) 나를 잘못 사용하여 '사랑과 평화'가 '미움과 전쟁'으로

바뀌기도 합니다.

(7) 모든 학문은 나 없이는 존재할 수 없습니다.

(8) 그 때문에 나는 '학문의 왕'이자 '학문의 기초'라고 할 수 있습니다.

(9) 나는 '존재의 집'입니다. 존재하는 모든 사물들은 내가 있음으로 해서 비로소 의미를 갖게 됩니다. 따라서 내가 없다면 세상에 존재하는 모든 사물들은 그 의미가 없어지게 됩니다.

(10) 나는 형체와 모양이 없으나, 인간은 나를 형체화하고 모양을 만들어 올바르게 사용하려고 하고 있습니다.

(11) 어쩌면 내가 없어지면, 이 세상 모든 사물들이 사라질지도 모릅니다. 나는 아주 무서운 것입니다.-_-;;

(12) 나는 아주 값이 싸기도 하고, 그 무엇보다도 비싸기도 합니다.

(13) 사람들은 나를 표현하길 '침묵은 금이고 웅변은 은이다' 라고 말합니다.

(14) 나는 인간들이 함께 배우고 익힐 학문의 대상입니다.

자! 나는 무엇일까요?

나 논리의 어원(語源)과 뜻

▿아빠 : '논리(論理)'의 뜻은, 생각하거나 말하거나 글을 쓸

때, 내용을 이치에 맞게 이끌어가는 과정이나 원리를 말해요. 다시 말하면, 논리란 사물의 이치나 법칙성을 말하는 것이지요. 재영이는 가끔 남규의 이야기를 듣고 '뻥치지 마!' '말도 안 되는 소리하지 마!'라고 하지요. 그것은 남규의 말이 논리에 맞지 않기 때문이에요.

▽재영 : 그럼, 아빠. 논리란 말은 어떻게 만들어진 거예요?

▽아빠 : 문자는 크게 소리글자인 표음 문자와 뜻글자인 표의 문자로 나눌 수 있다고 이미 배웠지요? 재영이가 접하고 있는 표음 문자의 대표적인 것은 한글과 영어예요. 그리고 표의 문자의 대표적인 것은 한자고요.

▽재영 : 예.^-^

▽아빠 : 고양이가 어떻게 울지요?

▽재영 : 야옹, 야옹~.

▽아빠 : 왜 그렇게 적지요?

▽재영 : 들리는 대로 적은 것이죠. 그리고 그렇게 읽을 수 있잖아요.

▽아빠 : 그것이 소리글자란 것이에요. 영어도 마찬가지지요.

▽재영 : 그러면 뜻글자란 어떤 것이에요?

▽아빠 : 한자를 말하는 것인데, 으음, 그래요. 우리가 공부하고 있는 논리학을 갖고 설명할게요. '논리(論理)'에서 '논(論)'이라는 글자는 '말씀 언(言)'과 질서, 법칙, 원리라는 뜻을 가진 '바퀴 륜(侖)'이 합쳐진 글자예요. 그리고 '다스릴 리(理)'는 '옥구슬 옥(玉 = 王)' 변에 '밭 전(田)' 그리고 '흙 토(土)'가

합쳐진 글자지요. 알겠어요?

▿재영 : 예. 하지만 어려운데 …….

▿아빠 : 좀 어렵지요.^^ 조금만 더 들어보세요. 요새는 자전거가 좋아서 그런 경우가 거의 없지만, 아빠가 어렸을 때는 자전거의 바퀴살이 가끔 튕겨져 나왔단다.^-^* 아참, …… 자전거 바퀴살의 역할이 뭔지 아니?

▿재영 : 그거야 외부에서 가해지는 무게를 분산시키고 자전거 바퀴의 무게를 줄이기 위해서 만든 거 아녜요?

▿아빠 : 잘 알고 있구나.^^ 그런데 튕겨져 나온 바퀴살 하나를 아빠가 절단기로 잘랐단다. 그러면 어떻게 되겠니?

▿재영 : 처음엔 잘 나가다가도, 얼마 못 가서 나머지 바퀴살들도 튕겨져 나오겠죠.

▿아빠 : 왜 그렇지요?

▿재영 : 그야, 하나의 바퀴살이 없으니까, 그 주변에 있는 바퀴살들이 담당해야 할 무게가 너무 많아서 그렇겠지요. 모든 것들은 제자리에 있어야 좋잖아요.^^

▿아빠 : 잘 알고 있구나. 이 '바퀴 륜(侖)' 자가 의미하는 것은 바로 그와 같은 질서 원리를 뜻한다.

▿재영 : 그게 무슨 말씀이세요?

▿아빠 : 바퀴 륜(侖)자는 바퀴의 모양을 본뜬 글자예요. 그리고 그 바퀴 모양의 글자에다 중국인들은 의미를 붙인 거지요. '원리, 질서, 법칙'이란 뜻을. 뜻글자란 이런 의미예요.

▿재영 : 아빠, 그럼 한자를 알면 많은 의미를 알게 되겠네요?

▽아빠 : 그럼요. 결국 '논(論)'이란 글자는 말의 질서와 원리를 가리키는 것이지요.

▽재영 : 다스릴 리(理) 자는요?

▽아빠 : '다스릴 리(理)'는 '옥구슬 옥(玉 = 王)' 변에 '밭 전(田)' 그리고 '흙 토(土)'가 합쳐진 글자란 것을 이젠 알겠지요? 옥을 만들려면 구슬을 만드는 세공사가 흙에서 캐온 원석(原石)에다 결을 내고 무늬를 만들어야 해요. 그것은 일정한 방식대로 해야겠지요? 그래야 보석의 값어치가 더해지니까요. 또한 자연적인 땅을 밭으로 만들려면 이랑과 고랑을 파야 하고, 땅이 기름지게 거름도 주고 평평하게 갈기도 해야겠죠?*^-^* 그것도 마찬가지로 일정한 원칙과 질서를 갖고 해야 돼요. 결국 '다스릴 리' 자도 질서와 원칙을 나타내는 뜻글자인 것이지요. 결국 '논리학'이란 언어의 질서와 원칙을 학문의 대상으로 하고 또 그것을 연구함으로써, 언어를 올바르게 사용하는 것을 목적으로 하는 학문이지요.

▽재영 : 아빠, 그럼 영어로는 논리가 뭐예요?

▽아빠 : 영어에서 논리를 의미하는 말은 'Logic'인데, 이 말은 'logos'에서 온 것이에요. Logos는 원래 legein, 곧 '모으다, 배열하다, 표현하다' 등의 뜻을 갖고 있는 동사에서 만들어진 명사(名詞)고.^-^ 따라서 논리학(Logics)이란 여러 가지 사실들을 수집하고 다시 배열하여 개념과 판단 그리고 추리 등으로 무엇을 밝혀내는 것을 말하는 것이지요.

1 논리의 뜻은 무엇일까요?

2 논리학의 학문적 대상은 무엇일까요?

3 왜 논리학을 공부해야 할까요?

[해답]

1 말의 질서와 법칙 2 언어 3 올바르고 정확한 언어를 사용하기 위해서. 그래서 오해와 갈등을 최소한으로 줄이기 위해서.

다 세계의 해석과 이해
—제자리에 있어야 아름답다

무엇이든 제자리에 있지 않으면 그 값어치가 떨어집니다. 값어치가 떨어질 뿐만 아니라 때론 더러워질 수도 있습니다.

무더운 여름날, 시원하고 깨끗한 물 한 컵을 만나면 무척이나 반갑습니다. 하지만 그 물이 변기 속에 들어 있다면 같은 물이라도 인상이 찌푸려집니다. 김이 모락모락 나는 햅쌀밥이 예쁜 사기 그릇에 담겨 있으면 먹음직스럽고 귀하지만, 바닥에 떨어지면 순식간에 그 밥은 양식이 아니라 쓰레기가 됩니다.

남편이 아내 곁에 누워 있으면 아무도 나무랄 사람이 없지만, 그 남편이 아내가 아닌 다른 여자 곁에 누워서 제자리를 지키지 않으면 모든 사람들로부터 손가락질을 받기 십상입니다.

그래서 ① 학생은 공부하는 자리에, ② 선생은 배우는 사람의 본이 되는 자리에, ③ 정치인은 국민들의 목소리를 대신하는 자리에, ④ 공무원은 국민들의 심부름을 하는 자리에, ⑤ 직장인들은 회사에 이익을 가져오고 자기의 뜻을 세우는 자리에, ⑥ 남편과 아내는 서로 사랑하는 자리에 있어야 아름다운 법입니다. 그곳, 바로 제자리가 아니면 금세 더러워질 뿐입니다.

1 제자리에 있지 않아서 아름답지 못한 사물과 사람의 보기를 한 가지 이상씩 들어보고 이유를 함께 제시해보세요.

2 난사람 · 든사람 · 된사람의 보기를 주변에서 찾아 제시해 봅시다.

3 밑줄 친 ①~⑥의 경우에서, 각각 부정적인 사례를 제시해 보세요.

제14강

논리학과 심리학

가 내용과 형식

▿아빠 : 재영 엄마, 요새 좋은 일 있나봐?

▿엄마 : 어떻게 알았어요.^^ 내게 좋은 일 있는지?

▿아빠 : 당신 표정이 밝고, 옷에 유난히 신경 쓰는 것 같아서 말이야.

▿재영 : 아빠도 요새 좋은 일 있으신 거 같은데요?

▿아빠 : 우리 공주님이 엄마보다 낫구나. 어떻게 알았니?

▿재영 : 아빠는 언제나 밝고 기분 좋았지만, 요샌 콧노래까지 부르시잖아요?^-^

▿아빠 : 그래.^^ 교문리 할머니께서 병이 많이 나으셨대. 재영

이도 남규랑 할머니께 전화 좀 드려요. 사랑한다고. 그리고 건강하시라고 말이에요.

지난번에 우리 식구 모두 백화점에 갔었지요? 그때 엄마는 옷을 사느라고 우리를 두 시간이나 기다리게 하고.^^ 조금 짜증났었는데 …….

▽재영 : 맞아요. 엄마가 그땐 좀 심했어요.

▽아빠 : ^^당신! 당신에게도 충동 구매 심리가 있다는 거 알아요? 그리고 재영이도 남규도 말이야. 물론 아빠도 다 있지.^^ 그게 바로 사람의 심리라는 거예요. 오늘은 심리학(心理學)과 논리학(論理學)에 대해서 잠깐 비교하도록 해요. 재영아, 백화점에는 창문이 별로 없는데 그 이유를 아니?

▽엄마 : 아, 맞다. 그러고 보니 백화점에는 창문이 별로 없네?

▽재영 : 왜 그래요, 아빠?

▽아빠 : 백화점도 이윤 추구를 하는 회사라는 것은 모두 알죠? 물건을 사려는 사람이 많을수록 백화점은 좋겠죠? 그래서 백화점은 손님들이 밤늦게까지 물건을 계속 살 수 있게끔 창문을 곧바로 보이지 않게 만들었어요.

▽엄마 : 설마 그렇게까지야 …… ?

▽아빠 : 참, 당신도. 그럼 누가 백화점 매장에서 시계 본 사람 있어요? 그것도 없단 말이에요. 그리고 1층에는 충동 구매를 일으키기 위해 값비싼 화장품과 패션 잡화가 많이 있죠. 소비 심리를 자극하는 거예요. 거울도 위쪽을 뒤로 가게 세워놓았지요? 그것도 새 옷을 입어본 손님이 키가 크고 날씬해보이

도록 하려는 의도가 숨어 있는 거예요. 그리고 에스컬레이터는 보통 정문에서 직진하면 있죠?-_-;; 그리고 그 에스컬레이터는 물건을 사는 매장으로 직진하고 말이에요.*-* 물건을 사라고 말이에요. 사람들은 이것을 두고 장을 보는 주부들이 편하라고 그렇게 만든 걸로 해석하는데 ……, 절대 그런 게 아니지요.^-^ 왜 대형 슈퍼마켓에서 빠른 노래를 틀지 않는지 ……, 아는 사람?

▿재영 : 아, 맞다! 대형 슈퍼마켓에서는 클래식이나 조용하고 느린 음악을 틀었어요.

▿남규 : 하지만 어린이날은 어린이들 기분 좋으라고 빠른 동요 등을 틀어주지요.^&^

▿아빠 : 우리 왕자님과 공주님 말이 맞아요. 여유 있는 쇼핑을 하기 위해 느린 노래와 음악을 들려주는 것이죠. 그리고 어린이날은 아이들의 충동 구매를 위해서 아이들 눈높이에 맞는 음악을 틀어주는 거죠. 또 여자 대학교 주변에 있는 수많은 미용실, 옷가게 등등은 모두 소비 심리를 부추기는 거라고도 할 수 있죠. 한 명이 하면 다 같이 하게 되는 거.^^ 재영이와 남규도 친구가 하니까, 친구가 갖고 있으니까 아빠한테 사달라고 할 때도 있죠?

▿재영 · 남규 : 네.^^

▿엄마 : 그래도 우리 재영이, 남규 같은 아이가 어디 있어요. 자기 일은 스스로 하잖아요?

▿아빠 : 이름난 비싼 명품을 구입하는 것도 같은 이유예요.

똑같은 제품인데도 어느 회사 제품이라며 뽐내는 사람들이 있잖아요? 여보, 그러면 한 회사에서 무수히 많은 제품들이 나오는 이유는 무엇이라고 생각해요?

▽엄마 : 그거야 그 기업에서는 회사 명예가 있으니까 책임지고 믿을 만한 상품을 만들 거 아녜요? 그러다 보니까 그 회사 제품은 믿을 만하다는 신뢰가 싹트게 되는 거죠. 그러면 그 회사 제품은 더욱 많이 팔릴 거고, 회사는 더욱더 좋은 제품을 만들 거고요. 그리고 많은 제품을 만드는 것은 ……, 그래야 회사도 먹고살지요.^^

▽아빠 : 그렇다면 그 회사 제품을 팔기 위해 쓰는 광고비와 모델료는 누가 내는데?

▽엄마 : 그거야 …… ?!

1 내용은 형식을 통해서 드러납니다. 위에서 아빠와 엄마가 기분이 좋아 보이는 것을 어떻게 알게 되었지요?

2 왜 회사들은 끊임없이 새로운 물건들을 만들어낼까요?

3 광고비와 모델료는 누가 낼까요? 왜 그렇게 생각하지요?

나 논리학과 심리학

▽아빠 : 여우가 포도나무에 달린 포도를 보면서 '저건 맛이

신 신포도야!'라고 했어요. 정말이지 포도가 시었을까요?
▿남규 : 아니요. 그거 이솝우화죠? 그 여우는 포도를 못 따먹는 자신의 신세를 인정하지 않고, 포도가 시다고 하면서 위안을 얻으려고 한 거예요.
▿아빠 : 그렇구나. 그렇다면 우리나라 속담에 '때리는 시어머니보다 말리는 시누이가 밉다'는 말은 무슨 뜻일까요?
▿엄마 : 그것은 속으로는 좋으면서도 겉으로는 안 그런 척하는 것을 비꼬아서 하는 말이잖아요.
▿아빠 : 그래요. 싸우는 당사자보다 옆에서 역성드는 사람이 더 밉다는 말을 일컫는 것이지요. 이것은 겉으로 표현하는 것과 속마음이 정반대인 경우죠?-_-;; 사람들은 어찌되었든 자신의 마음을 나타내게 되어 있어요.^_^ 남규는 기분이 좋거나 나쁠 때는 어떻게 표현하지요?*^-^^*
▿남규 : …… ?
▿재영 : 남규는 기분 좋으면 껴안고 비비고 징그럽게 아양떨어요.^^
▿남규 : 쳇, 누나는 안 그러나 뭐?-_-;;
▿재영 : 그리고 삐치면 말도 안 하고 구석에 박혀서 움직이지도 않아요 ……. 그리고 이불을 뒤집어쓰고 울기도 해요.^&^
▿아빠 : 그래요.^*^ 남규가 그랬던 것처럼, 이 세상 모든 사람들은 알게 모르게 자신의 속마음을 나타내게 되어 있어요. 남규가 그랬던 것처럼, 재영이도 자신의 마음을 나타내는 방법이 다 있어요.*^-^*……안 그래요?

▽엄마 : 그렇지요.^&^ 재영이도 화가 나면 아무 소리도 안 하고 책만 읽더라고요. 밥도 안 먹고 말도 안 하고 말이에요. 그리고 화가 날 땐 울면서 자기 동생 남규의 등을 엄청 세게 때리더라고요.^-^;;

▽재영 : …….

▽아빠 : 하하하, 이러다간 …… 그래요. 사람은 기분 나쁘거나 화나면 어찌되었든 자신의 감정을 나타내게 되어 있어요. 그래서 우리는 어떤 사람의 행동과 모습을 보고서 그 사람의 마음 상태를 알 수 있어요.-*- 이처럼 어떤 사람의 행동이나 모습을 보고서 그 사람의 마음을 읽는 학문이 심리학이에요.^_^

심리학이 인간이나 동물의 의식과 행동이 어떻게 변하는가를 연구하는 학문이라고 했죠? 이 심리학의 학문적 대상은 '인간의 마음과 정신 상태'예요. 왜 공부하는가 하면 사람들이 어떻게 행동할 것인가를 예측할 수 있기 때문이죠.

▽재영 : 조금 어려운데요. 그렇다면 아빠, 심리학과 논리학은 어떻게 달라요?

▽아빠 : 좋은 질문이에요. 사람들은 자신들의 의견을 말로 하지요? 그런데 가끔은 속마음과 정반대의 말들도 하지요? 논리학은 '언어'를 학문의 대상으로 하지만, 심리학은 그 말을 하고 있는 사람의 '속마음'을 학문의 대상으로 하고 있는 거예요. 우리나라 속담에 '서툰 목수 연장 탓만 한다'는 말이 있거든요. 자신이 실력이 없어서 못하는 것을 두고 연장이

나쁘기 때문에 못한다고 핑계를 대는 거지요. 심리학은 재영이나 남규가 생각하고 있는 것의 사실과 내용을 다루어요. 거기에 비해 논리학은 사유의 형식(形式)을 다루고 있어요. 다시 말해서 심리학은 말하고 있는 사람의 속마음을 알려고 하는 학문이고, 논리학은 말하고 있는 것이 무엇을 말하는 것인가를 명확하게 밝히기 위한 것이에요.*^-^*

1 아래의 문장과 연관이 있는 상자 속의 속담 번호를 ( )에 써넣으세요.

① 서툰 목수 연장 탓만 한다 ② 우물을 파도 한 우물을 파라 ③ 될성부른 나무는 떡잎부터 알아본다 ④ 때리는 시어미보다 말리는 시누이가 더 밉다 ⑤ 믿는 도끼에 발등 찍힌다 ⑥ 가을볕에는 딸을 내보내고 봄볕에는 며느리를 내보낸다 ⑦ 남편 밥은 누워서 먹고 아들 밥은 앉아서 먹고 딸년 밥은 서서 먹는다 ⑧ 며느리가 미우면 발뒤축이 달걀 같다고 나무란다 ⑨ 사위 사랑은 장모 며느리 사랑은 시아버지 ⑩ 처녀가 아기를 배도 할 말은 있다 ⑪ 외손자를 업어주느니 차라리 방앗공이를 업어 주라

(1) 가을볕은 선선하여 딸에게 쬐고 봄볕은 따가우므로 며느리에게 쬔다.( )

(2) 결과가 좋게 나타날 것은 처음부터 그렇게 결과가 엿보인다.( )

(3) 남편이 있을 때가 가장 낫고, 그 다음은 아들과 살 때며, 딸네에 얹혀 사는 것이 가장 눈치보이는 일이라는 뜻.( )

(4) 말리는 척하면서 때리는 시어미 성질을 더 북돋아주는

시누이가 더 밉다는 뜻으로, 싸우는 당사자보다 옆에서 그러지 말라고 말리는 사람이 더 밉다는 말.( )

(5) 믿고 있던 사람에게서 해를 입는다는 말.( )

(6) 무슨 일이든 한 가지 일을 끝까지 꾸준히 해야 성공할 수 있다는 말.( )

(7) 외손자에게 공을 들여봐야 돌아오는 게 없다는 말.( )

(8) 사람이 한 번 미우면 그와 관련된 모든 것이 다 미워 보인다는 뜻.( )

(9) 장모는 사위와 딸 중에서 사위를 더 좋아하고, 시아버지는 아들과 며느리 중에서 며느리를 더 좋아한다는 말.( )

(10) 어떤 일에도 이유나 핑계가 있다는 말.( )

2 여러분 주변에서 겪은 일 가운데 '하는 말'과 '속마음'이 서로 다른 예를 말해보세요.

[해답]

⑥ ③ ⑦ ④ ⑤ ② ⑪ ⑧ ⑨ ⑩

다 세계의 해석과 이해 — 사람들은 왜 가면을 쓸까요?

재영 : 아빠는 항상 하시는 말씀이, '사람은 해야만 하는 일이 있고, 하지 말아야 하는 일이 있다'고 말씀하시잖아요?

'제목 :　　　　　　　　　'

너무 자주 말씀하셔서 그 말이 무슨 말인지 알고 싶어요.
▿아빠 : 사람들은 때로는 마음속으로는 화가 나는 데도 웃고 있는 경우도 있고, 별로 화가 나지 않았는데도 근엄한 얼굴이나 화난 척하는 표정을 짓기도 하지요? 왜 그럴까요?
▿남규 : 왜 그러는데요?
▿아빠 : 그것은 사회 생활을 하면서 그렇게 할 수밖에 없기

때문이에요. 사람들은 사회가 요구하는 대로 그것에 맞는 얼굴로 사람들을 대해야 하기 때문이에요. 상가(喪家)에 가서 기분 좋다고 웃을 수는 없지요? 또 친구 결혼식에 가서 울 수는 없잖아요? 사람은 사회 생활을 하면서 웃을 수 있는 장소, 슬퍼할 수밖에 없는 장소를 갖게 된답니다. 이와 같은 사회적인 얼굴을 페르소나(persona)라고 해요. 곧, 인격의 가면(假面)이지요.

▽재영 : 그럼 아빠가 회사에서 돌아오면, 양복과 넥타이를 재빠르게 벗어 던져버리고 편안한 옷으로 남의 눈치 보지 않고 옷을 갈아입는 것도, 페르소나를 벗어 던지는 건가요?

▽아빠 : ^^그렇지! 엄마도 직장에서 돌아오면, 세수하고 화장을 지우는 것, 그리고 교양인인 척하던 말씨도 자기 혼자만 있으면 마음대로 하는 것도 페르소나를 벗어 던진 모습이지.^^ 왜 재영이도 그러잖아요?^^

▽재영 : 전, 안 그러는데 …….

▽아빠 : ^^사람들은 잠자리에 들면서, 모든 사회적 가면들을 일단 벗어서 다른 곳에 둬요. 그러면 자신의 내부 모습이 드러나지요. 왜 재영이도 남규랑 같이 있을 때와 친구나 선생님이랑 같이 있을 때의 모습이 다르잖니?

▽남규 : 맞아요, 아빠. 누나는 아빠와 엄마가 안 계시면 자기 혼자만 컴퓨터 해요. 저도 한다고 그러면 자기는 공부해야 한다고 하면서, 저는 못하게 해요. 그리고 때리기도 해요.

▽아빠 : 누나가 그랬어요?

▿재영 : 사실 조금은 그랬어요. 이제 잘 대해줄게요.^^

▿아빠 : 남규야. 누나가 약속했으니까 앞으로는 안 그럴 거야.^-^ …… 이처럼 모든 사람은 외면적으로 보이기를 원하는 페르소나를 한두 가지 이상은 갖고 있단다. 이것이 어쩌면 개성(個性)인지도 모르지. 페르소나는 사회적 자아를 말한다고 했죠? 이것은 '~으로서의 나'를 의미하는 것이에요. 따라서 사회가 분화하고 한 사람이 사회 속에서 다양한 역할을 맡게 됨에 따라 사회적 자아는 숫자가 늘어나게 되는 거예요.

아빠가 집에서는 아빠와 남편, 그리고 외할머니 집에서는 사위지요? 학교나 사회에서는 선생님 · 선배 교사 · 후배 교사 · 조합원 등의 역할이 다 있지요? 그리고 아빠는 거기에 따라서 행동하는 것이고요.

▿재영 : 아빠, 그럼 사람들이 화장을 한다거나 머리카락을 노란 물로 들이거나 하는 모습들도 페르소나라고 할 수 있나요?

▿아빠 : 그렇지요.^_^ 이와 같은 페르소나 때문에 우리는 자기가 하고 싶은 일을 하지 못할 때도 있고, 반대로 하기 싫은 일을 할 때도 있는 거예요.

1 사람이 해야만 하는 일에는 어떤 것들이 있을까요?

2 사람이 하지 말아야 하는 일에는 어떤 것들이 있을까요?

3 하고 싶은데 하지 못한 일에는 어떤 것들이 있을까요?

4 하기 싫은 일을 한 것에는 어떤 것이 있을까요?

5 자신이 쓰고 있는 페르소나는 어떤 것이 있으며, 그 인격의 가면을 쓰고서는 어떤 행동을 하는지 적어보세요.^-^

제15강

형식 논리학

가 형식의 다양성

다음 연산에서 참과 거짓을 밝혀보세요.

①1 + 1 = 2 ( ) ②1 + 1 = 10 ( )

③2 + 3 = 10 ( ) ④3 + 2 = 5 ( )

위의 계산은 사실 다 맞는 계산입니다.^^ 하지만 당황스럽지요? 우리가 일상 생활에서 주로 사용하는 수의 체계는 0, 1, 2, 3, 4, 5, 6, 7, 8, 9를 써서 10씩 모아 윗자리로 올려나가는 10진법(十進法)입니다. 그러나 일상 생활에서 사용하는 것은 10진법만이 아닙니다. 10진법 외에도 2진법, 5진법, 7진법,

12진법, 60진법 등이 있습니다. 이처럼 우리가 사용하는 진법(進法)들은 자연계에 존재하는 질서나 원리를 이해하고 사용하기 위해서 인간이 만들어낸 약속 체계입니다.

잘 알다시피 컴퓨터에는 2진법이 사용됩니다. 컴퓨터는 0과 1만 가지고 운영이 되며, 0과 1의 무한한 조합(組合)으로 동영상과 음성 등 그 어떤 데이터도 표현할 수 있습니다. 또 어린아이들이 수를 처음 배울 때 사용하는 손가락과 발가락의 수는 각각 다섯 개며, 여기에서 5진법이 생겨났습니다. 그리고 1년은 열두 달, 하루는 오전과 오후 각각 12시간에서 나온 12진법이 있으며, 일주일이 7일이라는 7진법도 있습니다.

그런가 하면 여러분 부모님이 사용하는 환갑의 60진법이 있는데, 60진법은 앞서도 이미 배웠듯이 시간에도 사용됩니다. 한 시간은 60분, 1분은 60초 하는 식으로 말입니다.

그렇다면 위의 계산법이 맞는다는 사실을 알겠지요.^^ 물론 일반적으로 우리가 사용하는 진법은 10진법이므로, 다른 진법으로 사용할 경우에는 혼란을 막기 위해 그 옆에다 $11_{(2)}$로 표시하여 2진법임을 알려주어야겠지요.

이제 앞에 제시한 연산을 다시 해보면서, 여러분이 직접 답 옆의 ( )에다 진법을 표시해보세요.

나 형식 논리학, 인간은 상징적 동물이다

인간에게는 과거의 경험이 개인이나 집단의 기억으로 보존됩니다. 그리고 이 기억은 현재 일어나고 있는 것, 주변에 지나간 날들에 경험한 유사한 일들에 관한 생각의 덩어리들을 이끌어내게 됩니다. 그리고 그 덩어리들은 신호와 상징의 체계인 언어로서, '개념'으로서 존재하고 나타나게 됩니다.

여기에 비해 동물들은 경험하고 있는 동안에도 시간의 흐름에 따라서 앞서의 경험은 소멸하게 됩니다. 그래서 동물에게 발생하는 비슷한 모든 일들은 하나 하나의 새로운 일들로 있게 되는 것입니다.

인간의 이 상징 체계는 일정한 형식으로 나타납니다. 그리고 그 형식을 읽어보면, 우리는 그 상징 체계가 나타내는 내용을 알 수 있습니다. 상징 체계의 가장 대표적인 것은 언어입니다. 그리고 이 언어는 일정한 형식을 가지고 있습니다.

수학은 가장 대표적인 형식 과학입니다. 여러분이 알고 있는 숫자 1이 세상에 존재합니까? 지수, 로그, 삼각 함수 같은 기호가 자연계에 존재합니까? 존재하지 않습니다. 숫자 1은 자연계에 존재하는 '사과 하나', '장미 한 송이', '한 사람', '연필 한 자루' 등을 표현하기 위해 인간이 만든 약속, 곧 '형식'에 지나지 않습니다.

이와 마찬가지로 언어도 자연계에 존재하는 사물을 표현

하기 위해 사람들이 만들어낸, 인위적 상징 체계인 '형식'입니다. 형식은 규칙을 의미합니다. 그 규칙(약속)을 지켰을 때 우리는 올바르게 언어를 사용한 것이고, 그 규칙을 어겼을 때는 오해가 발생하고 때로는 비웃음을 사기도 합니다. 수학에서 '1 + 2 = 3'이 참이라고 하는 것은 그 계산이 수학의 규칙에 맞기 때문입니다. '1 + 2 = 4'라고 했을 때, 다른 사람들이 웃는 이유는 기본적인 수학의 약속인 규칙(법칙)을 어겼기 때문입니다.

논리학은 언어의 올바른 사용을 위해서 언어의 규칙과 원리를 탐구하는 학문입니다. 따라서 우리는 이제 '논리학'이라는 단어 앞에 '형식'이라는 말을 추가해서 '형식 논리학'이라고 해야겠습니다.

다 세계의 해석과 이해
—약속할 때 새끼손가락을 거는 이유?

▿재영 : 아빠, 사람들은 왜 약속할 때 새끼손가락을 걸어요?
▿아빠 : 재영이는 아빠가 침놓는 것 보았지요.
▿재영 : 네.
▿아빠 : 동양 의학, 그러니까 한의학(韓醫學)에서는 새끼손가락 쪽으로 심장 기맥(氣脈)이 흐르고 있다고 해요. 쉽게 이야

기하면, 손가락 중에서 심장과 가장 가까운 피가 지나는 혈맥이 있는 곳이 새끼손가락이에요. 사람들은 새끼손가락이 마음과 가장 강하게 연결된 곳으로 생각했어요. 그래서 새끼손가락을 거는 것은 그만큼 중요하고 솔직하다는 생각에서 유래된 거라고 봐요.

▿재영 : 그럼 서양은요?

▿아빠 : 서양의 이 풍습은 중세 유럽으로 거슬러 올라가요.^^ 당시 무당들은 새끼손가락 끝으로 영혼과 접촉할 수 있다고 생각했대요. 그래서 그들은 새끼손가락으로 귀를 막으면 심령스러운 경험이나 예언적 환상이 일어날 가능성이 커진다고 믿었던 거예요.^-^ 그래서 한쪽 귀를 새끼손가락으로 막으며 영혼과 대화를 하려고 했대요. 그리고 스코틀랜드에서는 오래 전부터 새끼손가락으로 이웃과 접촉하면 마음이 통한다고 믿었대요. 그래서 엄숙한 흥정을 할 때면 새끼손가락을 걸었다고 해요. 이런 것들이 미국을 통해 전 세계로 퍼져나가게 된 거죠. 그래서 사람들이 무언가 약속을 할 때는 새끼손가락을 걸고 하게 된 거랍니다.^^

1 여러분은 약속을 할 때 어떻게 합니까?

2 변치 않을 약속을 다짐하고 맹세할 때는 또 어떻게 합니까?

3 그렇게 약속을 해도 약속은 깨지지요. 약속이 깨졌을 때는 어떻게 할 것입니까?

제16강
논리학의 기본 개념

가 논리학의 기본 개념 익히기

이제 논리학을 공부하기 전에 자주 나오는 기본적인 개념을 먼저 알아보기로 해요. 머리가 좀 복잡해지더라도 굳이 괄호에 한자를 단 이유는, 한자의 뜻과 만들어진 과정을 이해하면 그 개념의 의미를 좀더 정확하고 쉽게 알 수 있고 또 오래 기억할 수 있기 때문입니다.^^ 그러니, 한자가 나온다고 지레 겁을 먹거나 싫증을 내지 말고, 어떤 뜻을 담고 있는 글자인지 호기심을 가지고 살펴봅시다.

다음 상자 속의 단어들과 관계가 있는 것을 찾아서 ( )에 그 번호를 써넣으세요.

① 개념(概念) ② 명제(命題) ③ 판단(判斷) ④ 논증(論證) ⑤ 논거(論據) ⑥ 오류(誤謬) ⑦ 논리학(論理學) ⑧ 동일률(同一律) ⑨ 모순(矛盾) ⑩ 배중률(排中律) ⑪ 인과율(因果律) ⑫ 외연(外延) ⑬ 내포(內包) ⑭ 일반(一般) ⑮ 특수(特殊)

(1) 어떤 사물이나 그것을 나타내는 언어가 가지는 기본적인 의미의 내용을 말합니다. 이것은 사물의 현상에 대한 일반적인 지식이나 관념을 말하며, '○○을 파악하다', '○○이 없다', '○○을 모른다'처럼 표현합니다.(　)

(2) 천하무적의 창(槍)과 천하무적의 방패(防牌)를 말하는 것으로서, 하나가 참이면 하나는 반드시 거짓이 되는 상황을 말합니다. 이것은 말의 앞뒤가 맞지 않는다는 의미로도 사용하며, 비슷한 말로는 '상반(相反)', '당착(撞着)', '선후당착(先後撞着)' 등이 있습니다.(　)

(3) 보통과 아주 다른 것을 가리키는 말로서 논리학에서는 개별적인 사물이 최소화한 것을 말합니다. '그 상황은 ▲▲한 경우다'처럼 표현하며, 비슷한 말로는 '특이(特異)', '특출(特出)' 등이 있습니다.(　)

(4) 어떤 상황 전체에 두루 미치고 있는 것을 말합니다. '△△에게 인기가 있는 상품', '△△ 상식'처럼 표현하며, 비슷한 말로는 '전반(全般)', '보편(普遍)', '개괄(槪括)' 등이 있습니다.(　)

(5) 논리학에서, 어떤 개념이 적용되는 명제나 사물의 범위를 말합니다. '동물이란 개념의 □□은, 개 · 물고기 · 인간 등이

있다'처럼 표현합니다. 반대 개념은 '내포(內包)'며, □□과 내포는 서로 반비례 관계에 있습니다.( )

(6) 어떤 개념의 내용이 되는 여러 속성과 특징을 말합니다. '사람이란 두 발로 걸어다니는 이성적 존재다'처럼 표현하며, 이것의 반대 개념은 '외연(外延)'입니다.( )

(7) 논리학에서 한 번 사용한 개념은 같은 논증에서는 같은 의미로 사용해야 한다는 법칙을 말합니다. '책'이란 개념이 모두 같은 의미로 사용하는 것은 이 법칙 때문입니다. 여러분의 이름을 불렀을 때, 여러분이 언제나 대답하는 것도 이 ◇◇◇ 때문입니다.( )

(8) 원인과 결과의 준말인 인과에서 온 말입니다. 세상 모든 사물과 사건은 반드시 원인이 있어야 하고, 그 결과로서 존재하게 된다는 형식 논리학의 법칙입니다.( )

(9) 어떤 주장을 가진 하나의 판단 내용을 언어, 기호, 식(式) 등으로 나타낸 것을 말합니다. 이것은 참과 거짓의 진위(眞僞)를 객관적으로 파악할 수 있다는 특징이 있습니다.( )

(10) 사물을 어떤 기준이나 근거에 따라 어떠하다고 생각하거나 어떠한 것이라고 단정하는 것을 말합니다. 이를테면 하늘을 보고 '오늘밤은 맑겠군!'이라고 말했다면, 작은따옴표 속의 글이 ♤♤입니다.( )

(11) 증거를 통해 사물의 이치를 증명 또는 설명하는 것을 말하며, '사실을 ◎◎하다', '자신의 주장을 ◎◎하다'처럼 표현합니다.( )

(12) 어떤 주장이나 이론의 논리적 근거와 이유를 말합니다. ¤¤가 충실해야 자신의 주장이나 논증이 강화되어 설득력을 얻게 됩니다. '과학적 ¤¤가 필요하다', '그의 학설은 실증적 자료에 ¤¤를 두고 있다'처럼 표현합니다.( )

(13) 인식된 사고(思考) 내용과 대상(對象)이 일치하지 않는 판단을 말합니다. '▢▢는 진리의 반대어'라는 의미로 사용합니다. '그 사람의 말에는 ▢▢가 있어!' '이 논증에서는 어떤 ▢▢를 범했는지 밝혀라'처럼 표현합니다.( )

(14) 이 학문의 대상은 언어며, 우리가 △△△을 공부하는 이유는 언어의 연구를 통해서 좀더 정확하고 확실한 논증을 펼치기 위한 것입니다.( )

(15) 명제는 참이거나 거짓인 진리 값을 갖고 있습니다. 따라서 참도 거짓도 아닌 제3의 진리 값은 있을 수 없다고 주장할 때 사용하는 논리학의 기본 법칙입니다. 모든 사람은 남자이거나 여자입니다. 남자면서 동시에 여자이거나 또는 남자도 여자도 아닌 존재는 생물학상 존재할 수 없습니다.( )

[해답]

① ⑨ ⑮ ⑭ ⑫ ⑬ ⑧ ⑪ ② ③ ④ ⑤ ⑥ ⑦ ⑩

나 논리학의 기본 개념

논리학의 학문적 대상이 '언어'라 했고, 논리학을 공부하는 이유는 '언어를 정확하게 사용해서 오해와 갈등이 없도록 하기 위해서'라고 이야기했어요. 그리고 왜 논리학 앞에 '형식' 이란 말을 붙여서 형식 논리학이라 하는지도 설명해주었어요. 그리고 '언어는 존재의 집'이라는 말의 의미도 설명했습니다. 이제부터 여러분은 개념이 있기 때문에 세상을 이해할 수 있다는 사실을 알아두었으면 좋겠어요. 또한 자신의 이름이 있기 때문에 자신이 비로소 의미를 가지며 존재한다는 것도 알았으면 좋겠어요.^^

다 세계의 해석과 이해 — '7'은 행운의 숫자?

▿재영 : 아빠, 왜 7을 행운의 숫자라고 해요?
▿아빠 : 재영이가 좋아하는 숫자는 뭔데?
▿재영 : 전 '4'요. 그냥 4가 좋아요. 우리집 식구도 아빠, 엄마, 저, 남규 이렇게 네 명이고요.
▿아빠 : 그렇구나. 그런데 우리나라와 중국, 일본 등 한자 문화권에서는 4를 죽을 사(死) 자와 발음이 같다고 해서 싫어해요. 재미있는 것은 4란 수를 유태인과 아메리카 인디언들은

좋아한다고 해요.^^

▿재영 : 아빠, 그럼 오늘은 각 나라마다 좋아하는 숫자에 대해서 말씀해주세요.

▿아빠 : 그래, 아빠도 공부해야겠는 걸.^^ 아빠가 찾아보니까, 나라나 문화권에 따라 좋아하는 숫자도 다르더구나.^)^ 기독교 문화권에서 좋아하는 7이란 숫자는 신이 천지 창조를 마치고 안식을 한 날이 일곱 번째 날이어서 7이 행운의 숫자라

는 의미로 불리더구나. 일본 사람들이 가장 좋아하는 수는 8이란다. 그리고 세상 사람들이 공통으로 좋아하는 수는 3이란 숫자고, 3의 3배수인 9와 4배수인 12도 대체로 좋아한다는구나.

이것은 역사적으로도 나타난단다. 고대 그리스의 의식(儀式)들은 3일째와 9일째 날에 베풀어졌으며, 그 많은 그리스 신들의 제사는 3년 터울로 지냈다고 하더구나. 그리스의 대서사시 「오디세이」에서 오디시우스♠는 12척의 배로 12명의 동료와 항해를 떠나고 12개의 도끼를 들고 돌진하여 12명의 물방앗간 아가씨를 만난다는 애기가 그걸 증명하지요.*^-^*

재영 : 그럼 아빠, 우리나라 사람들이 가장 좋아하는 수는 무엇이에요?

아빠 : 그것은 3이란다. 한국인이 3을 좋아하는 정도나 한국 문화 속에 등장하는 3이라는 숫자는 굉장히 비중이 크단다. '천(天) · 지(地) · 인(人)'이라는 우주의 기본 구조도 3으로 되어 있고, 과거 · 현재 · 미래의 시간 체계도 3으로 구분되어 있지. 그리고 남규가 좋아하는 영물인 용의 발톱도 세 개로 여겼지. 물론 중국에는 네 개의 발톱과 다섯 개의 발톱을 가진 용도 있어요.^_^ 하지만 우리나라는 네 개 발톱을 가진 용은 4자가 안 좋은 숫자라서 안 그렸다고 해요. 그리고 발톱이 다섯 개인 용은 그리지를 못했대요. 왜냐 하면 5는 천자의

♠ 오디세우스(Odysseus) : 그리스의 시인 호메로스의 『오디세이아』의 주인공이자 그리스 신화에 나오는 영웅이며 페넬로페의 남편입니다.

나라 중국만 그릴 수 있었던 것이니까요.=_=;; 이런 것이 약자(弱者)의 설움이란다.^)^ 그리고 나쁜 일이 있거나 마귀(魔鬼)를 쫓을 때 뱉는 침도 세 번이란다.^^ '삼세판', '삼세번'이란 이야기가 그걸 증명하지. 하루 세끼 밥을 먹고 약도 하루 세 번 먹지. 이처럼 한국인의 문화 속에서 3이라는 숫자는 가장 중요한 수였단다. 그리고 3의 3배수인 9와 4배수인 12도 좋아한단다. 더욱이 3이 겹친 33이란 수를 가장 좋은 수로 알았단다. 그래서 조선시대 과거 시험 합격 정원은 33명이었고, 매년 연말에 치는 보신각 종소리도 33번을 치는 것이란다. 그런가 하면 3·1 독립선언문에 선언한 사람도 각계 대표 33인이었단다.

1 여러분이 좋아하는 숫자와 그 이유는 무엇입니까?
2 왜 '13일의 금요일'을 서양 사람들은 싫어할까요?
3 밑줄 친 것처럼 발톱 수에 차이가 나타나는 이유는 무엇일까요? 약자(弱者)의 슬픔이란 또 무엇일까요?

[해답]

2 그것은 예수가 죽은 날이 '금요일'이었고, 예수와 12제자를 합해 13명이 모인 곳에서 유다의 배반이 일어났으므로 '13'이라는 숫자에는 배반과 불행이 담겨 있다고 믿게 된 것에서 유래되었어요. 하물며 그 금요일과 13이 합쳐진 '13일의 금요일'은 얼마나 싫었을까요!^^ 그래서 '13일'과 '금요일'이 겹치는 날에는 불행한 일이 터지고 말 것 같은 공포와 불안이 생겨났겠지요? 이 공포와 두려움은 오늘날에도 이어져, 서양에서는 13명이 함께 회식을 하면 그 해 안에 한 명이 죽는다는 미신도 있어요. 예수는 자신이 체포되어 사형될

것을 알고 12명의 제자와 함께 마지막 만찬을 했대요. 식사 도중 유다가 자리를 떠나 예수를 배반하고 병사들을 불러와 예수는 잡혀갔습니다. 다음날 예수는 십자가에 못 박혀 죽었지요. 이 날이 금요일이었습니다. 예수는 죽은 지 3일 만에 부활(復活)했는데, 이 날이 일요일이기 때문에, 거꾸로 계산하면 예수가 죽은 날은 금요일이 되죠.

[3] 동양 사상에서는 숫자 5를 천자(天子 : 황제)의 숫자라 해서 천자만 사용했습니다. 그래서 중화(中華) 사상의 기준에서 보면 우리 조선도 변방이기 때문에 다섯 개의 발톱을 가진 용을 그릴 수가 없었습니다. 그래서 발톱이 세 개나 네 개를 가진 용 중에서, 숫자 3을 좋아했던 우리 민족은 용의 발톱을 세 개로 그린 것입니다.^)^

제17강

형식 논리학의 기본 법칙 : 동일률

가 일관성 있는 삶이 아름답다

▿아빠 : 재영아! 재영이가 태어났을 때 아빠가 '가영'이라고 이름을 지었다면 지금 재영이는 가영이가 되었겠지요?

▿재영: 또 그 말씀이세요? 정말 머리 아픈데 …….

▿아빠 : 하하, 좋아요. 태어났을 때의 재영이와 지금의 재영이는 육체적으로 정신적으로 다 다르지요?

▿재영 : 예.

▿아빠 : 그래도 이재영하고 이름을 부르면 재영이가 언제나 대답하는 이유는 무엇일까?

▿재영 : 그거야 제 이름이 재영이고, 저를 부른다는 것을 제가

아니까요.

▿아빠 : 바로 그거예요. 재영이가 육체적으로 정신적으로 변했다 할지라도 재영이란 이름은 변하지 않았다는 것, 그리고 재영이가 자기 이름이란 것을 알고 있는 '정신'이 있다는 사실, 이것은 변하겠어요 변하지 않겠어요?

▿재영 : 변하지 않지요.

▿아빠 : 그렇지요.^^ 그것은 언제나 변하지 않죠. 이처럼 한 번 사용한 개념은 같은 의미로 사용해야 한다는 것이 '동일률(同一律)'이란 것이에요. 다시 말해서 재영이에게 한 번 '이재영'이란 이름으로 불렀다면, 앞으로도 계속 같은 이름으로 불러야지 다른 이름으로 부르면 안 된다는 거예요. 이것이 논리학의 기본 법칙의 첫 번째인 동일률이라는 거예요.

▿재영 : 그렇지만 아빠, 옛날에 사용했던 말을 오늘날에는 사용하지 않잖아요? 그리고 옛날에는 없던 말들이 지금은 있잖아요? 컴퓨터나 우주선, 비행기, 핸드폰 같은 거요.

▿아빠 : 그래요.^^ 동일률이란 어떤 사물이나 현상이 영원히 변하지 않는다는 것을 전제로 하는 것이 아니에요. 동일률은 다만 '상대적으로' 고정되어 있다는 것을 반영하는 거예요.

▿재영 : 무슨 말씀인지?

▿아빠 : ^^재영이는 주판을 아나요?

▿재영 : 그럼요. 주판은 계산을 하기 위해 만든 도구잖아요? 엄마가 놓는 거 봤어요.

▿아빠 : 그렇지요. 그런데 요즘은 전자계산기로 하지요? 그럴

때 '전자계산기는 계산을 위한 가장 효율적인 도구다'라는 말을 사용하지요. 이럴 때 주판과 전자계산기를 일컬어 계산을 위한 효율적이 도구라고 하는 것은 동일률을 위반한 것이 아니에요. 이것은 문명이 발달해온 '시간의 차이'가 있기 때문에 발생한 것이고, 그 각각의 시대에는 참이었기 때문이지요. 동일률은 개념 사이의 동일성 여부를 가리는 긍정적인 판단과 추리를 위한 기초 원리예요.

나 구두쇠 영감 이야기

▽아빠 : 너희들에게 옛날부터 내려온 이야기를 해줄게요. 옛날 어떤 마을에 박 영감이란 구두쇠가 살고 있었대요. 어느 날 박 영감은 손자 백일 잔치 선물로 줄 나막신이 필요해서, 산에서 나무를 해다 파는 김 총각에게 부탁을 했지요. 양반인데다 나이 많은 노인의 부탁이기에 김 총각은 정말로 정성스럽게 나막신을 만들어 박 영감에게 주었어요. 그런데 이 욕심 많은 구두쇠 박 영감은, '예로부터 나무로 만든 그릇이나 도구는 그 그릇이나 도구에 좁쌀을 담아주는 법이었네' 하면서 글쎄 한 끼 식사도 안 되는 좁쌀을 나막신을 만든 대가로 담아주었대요.

▽남규 : 정말 못됐다! 어떻게 몇날 며칠 걸려서 만든 나막신의

값이 그것밖에 안 돼요?

▿재영 : 맞아요! 그 박 영감은 벌받을 거예요.

▿아빠 : ^^재영, 남규의 말처럼 그 박 영감은 정말로 벌을 받게 되었어요.

▿재영 · 남규 : 어떻게요?!

▿아빠 : 그렇게 지내던 어느 날, 박 영감은 소 여물통이 필요했어요. 소 밥그릇 말이에요.

▿재영 · 남규 : 저희들도 알고 있어요.

▿아빠 : 그래서 다시 김 총각에게 소 여물통을 만들어달라고 부탁을 했지요.^^ 김 총각은 이때다 싶어서 산에서 엄청나게 큰 나무를 잘라다 소 여물통을 만들었대요. 그리고 박 영감에게 가져갔지요. 박 영감은 '그래 얼마를 주면 되겠느냐?'고 점잖게 말했겠지요? 그러자 김 총각이 하는 말이, '서로 모르는 처지도 아니고 하니, 소 여물통에 좁쌀이나 담아주십시오' 했대요. 그러자 이에 기가 막힌 박 영감은, '예끼, 이 놈아! 어떻게 산에 흔해 빠진 나무로 대강 만든 소 여물통 값이 그렇게 비싸더냐?' 하고 호통을 쳤대요.

▿재영 : 나무로 만든 그릇이나 도구의 가격은 그것에다 좁쌀을 담아준다고 자기가 전에 정한 거잖아요?

▿아빠 : 바로 그거예요. 김 총각이 박 영감의 질문에 그렇게 대답했대요. 그러자 박 영감은 아무 말도 못하고 소 여물통에다 좁쌀을 담아줬대요.

1 박 영감은 왜 나무꾼 총각의 말처럼 소 여물통에 좁쌀을 담아줄 수밖에 없었을까요?

2 약속은 왜 지켜야 할까요? 반드시 지키지 않으면 안 되는 것일까요?

3 다음의 주장들은 잘못 사용된 것들입니다. 무엇이, 왜 잘못되었는지 말해보세요.

(1) 무릇 당신이 상실하지 않은 것은 당신에게 있는 것이다. 당신은 뿔을 상실하지 않았다. 그러므로 당신에게는 뿔이 있다.
→'상실'이라는 언어의 동일률을 어겼습니다. 어떤 의미 차이가 있을까요?

(2) 보통 헨델을 '음악의 어머니'라고 한다. 그런데 어머니는 모두 여자이므로 헨델은 여자다.
→'어머니'라는 언어의 동일률을 어겼습니다. 어떤 의미 차이가 있을까요?

다 세계의 해석과 이해 — 승리의 표시는 왜 V인가?

▽남규 : 아빠, 만화 영화를 보면 이기겠다는 표시로 손가락으로 브이(V) 자를 나타내는데, 왜 그래요? 그리고 자기가 최고라고 엄지손가락을 세우는 것은 또 왜 그런 거예요?

▽아빠 : 손가락으로 V 자를 나타내는 것은 승리를 뜻하는 빅

토리(victory)의 첫 글자를 표현한 거예요. 그리고 엄지를 세우는 것은 ……. 남규야! 만약 다섯 손가락 중 엄지가 없다면 무슨 일을 할 수 있을까요? 아니 물건을 집거나 나를 수 있겠어요?

▿남규 : 못할 것 같아요.

▿아빠 : 바로 그거예요. 소지(小指), 약지(藥指), 중지(中指), 검지 중에 하나 정도는 없어도 무슨 일이든 다할 수 있죠? 하지만, 엄지 없이는 아무것도 제대로 못할 거예요. 당장 숟가락질을 제대로 못해 밥도 못 먹을 거예요. 그만큼 엄지는 없어서는 안 될 제일 중요한 손가락이란 거죠. 그래서 가장 중요한 엄지를 들어보이면 최고 또는 아주 좋다거나 잘했다는 표현으로 통하는 거예요.

▿재영 : 그럼 아빠, 나라별로 다 똑같이 그렇게 표현해요?

▿아빠 : 그건 그렇지 않아요. 본래 승리의 V 자 표시는 제2차 세계대전 당시에 영국의 윈스턴 처칠이 '우리는 승리할 것이다!'라고 외치며 손가락으로 V 자를 만들어 보였대요. 손가락으로 V 자를 만드는 것은 여기서 유래된 거지요. 하지만 그리스에선 그것이 욕할 때의 표시래요. 그리고 승리의 표시를 그리스에선 손등을 바깥쪽으로 향한 V 자 사인으로 한대요.

▿재영 : 그럼 다른 나라를 여행할 땐 조심해야겠네요?^^

▿아빠 : 그럼요. 그래서 '로마에 가면 로마법을 따르라'는 말이 생긴 거지요.

1 여러분은 승리의 표시를 어떻게 하나요?

2 '사랑합니다', '고맙습니다', '감사합니다'를 여러분 나름대로 식구나 친구에게 표현해보세요.

제18강

형식 논리학의 기본 법칙 : 모순율

가 사람은 남자 아니면 여자다

▿아빠 : 남규야! 아빠는 남자면서 동시에 여자란다.^^

▿남규 : 어떻게 그럴 수 있어요? 아빠는 남자고 엄마는 여자잖아요?

▿아빠 : 그럼, 너는?

▿남규 : 저도 물론 남자지요. 누나는 여자고. 사람은 남자 아니면 여자예요. 남자면서 동시에 여자거나, 남자도 아니고 여자도 아닌 사람은 없어요.

▿재영 : 그런데, 아빠. 텔레비전에 나오는 '하◇◇'란 사람은 남자예요 여자예요?

▽아빠 : 남자였다가 성전환 수술을 해서 여자가 된 사람 말이지?^-^ 주민 등록 번호의 뒷자리 수도 남자를 상징하는 '1'이 아니라 '2'로 법원에서 판결해준 사람?^^

▽재영 : 맞아요! 그 언니는 남자예요 여자예요?

▽아빠 : 재영이가 이미 얘기했네요.^_^ 그 사람은 여자예요.

▽재영 : 태어나기는 남자였잖아요? 그리고 유전 인자는 남자인 XY 염색체를 갖고 있잖아요?

▽아빠 : 그래요. 사람은 본래 남자 아니면 여자예요. 남자는 유전적으로 XY 염색체를 갖고 있고, 여자는 XX 염색체를 갖고 있어요. 태어나면서부터 갖게 되는 이런 성(性)을 영어로는 섹스(Sex)라고 해요. 이것은 바꿀 수 없는 자연의 섭리지요.

'하◇◇'란 그 사람을 우리는 '트랜스 젠더'라고 하지요? 젠더(Gender)란 사회적으로 인정하는 성(性)을 말해요. 그리고 트랜스(Trans)는 '~을 넘어서'란 뜻이 있어요. 그래서 '트랜스 젠더'란 태어난 남자와 여자를 넘어서는 제3의 성이란 뜻이지요. 재영이의 주민 등록 번호 뒷자리가 2로 시작하지요. 그것은 여자는 그렇게 나타내자고 사회적으로 약속한 거예요. 남규는 남자기 때문에 1로 시작한 것이고요.^-^

그래서 재영이가 '언니'라고 이야기했듯이, '하◇◇'란 여자는 태어나기는 남자로 태어났지만 여자로 살고 싶었고, 또 여자로 살기 위해서 사회적으로 여자의 성을 받은 것이에요. 물론 성전환 수술도 하고요. 하지만 그 여자는 아기를 못 낳

아요.^_^

이렇게 남자면 여자가 아니고, 여자면 남자가 아니기 때문에 이 모순율은 부정 판단의 기초가 되는 거예요.

1 남자면서 동시에 여자인 사람이 있을 수 있을까요?
2 참이면서 거짓인 것이 명제에 있을 수 있을까요?

[해답]
없다.^-^

나 천하무적의 방패와 천하무적의 창

아빠 : 어느 고을의 길가에서 창[矛]과 방패[盾]를 파는 사람이 있었어요. 그 사람은 자기가 가지고 온 창을 들어보이며 말했어요. '이 창으로 말할 것 같으면 그 어떤 방패라도 뚫을 수 있는 천하무적의 창입니다. 자! 천하무적의 창을 사세요!' 물론 그 창은 잘 팔렸지요. 창을 다 판 사람은 이번에는 자기가 갖고 온 방패를 들어보이며 말했어요. '자, 이 방패로 말할 것 같으면 그 어떤 창이라도 막을 수 있는 천하무적의 방패입니다. 이 방패 하나 장만하셔서 천하무적이 되십시오!'

자! 과연 어떤 일이 일어났을까요?

재영 : 아빠, 천하무적의 창으로 천하무적의 방패를 찌르면

어떻게 돼요?

▿아빠 : 바로 맞췄구나. 천하무적의 창이 참이면, 천하무적의 방패는 거짓이 되지요. 이처럼 하나가 참이면 그 반대 논증은 반드시 거짓이 되는 이런 관계를 '모순(矛盾)' 관계라 해요. 이 사람은 그래서 창만 팔고 도망치듯이 사라졌어요.

그리고 세월이 흘렀어요. 그 장사꾼이 다시 이 마을에 나타나서 말했대요. '이 방패로 말할 것 같으면 그 어떤 창이라도 막을 수 있는 천하무적의 방패입니다. 하나 사서 여러분의 안전을 지키세요'라고. 이번에는 방패가 잘 팔렸어요. 왜 그럴까요?

재영 : 그거야 시간이 지났으니까, 새로운 합금 기술로 새로운 천하무적의 방패를 만들었기 때문이죠. 세월에 따라서 컴퓨터는 너무나 빨리 변하고 발전하잖아요.^^

1 천하무적의 '방패'와 천하무적의 '창'이 동시에 존재할 수 있을까요 없을까요? 그 이유는?

2 밑줄 친 것은 이번에는 모순을 범하지 않았습니다. 어떤 이유 때문일까요?

3 아래의 이야기에서 모순되는 점을 찾아보세요.

모든 것을 녹여버리는 액체를 발명한 범인은 점점 녹아 없어지는 한 여자의 시체를 바라보면서 자신만만하게 소리쳤습니다. '나는 완전 범죄에 성공했다!'고.

몇 분 전, 그는 한 여자를 목 졸라 죽였습니다. 그리고 그가 발명한 액체, 곧 모든 것을 한순간에 녹여버릴 수 있는 액체 중에서 몇 방울을 그녀의 몸에 떨어뜨렸습니다. 그것만으로도 그 여자의 모습은 이 세상에서 영원히 없어지고 있었습니다. 그 남자는 완전 범죄의 성공에 도취해 있었습니다.

[해답]

1 존재할 수 없다. 2 시간이 지났기 때문에 이번에는 모순을 범하지 않았다. 3 ① 모든 것을 녹여버리는 액체를 과연 어디에다 담을 수 있겠습니까? 이것은 '모순율'을 위반한 것입니다. ② 또한 몇 방울을 떨어뜨렸다고 했는데, 사람

의 몸을 녹이는 데 과연 몇 방울만으로 될 수 있을까요? ③ 한순간에 녹여버린다고 했는데, 여자의 시체는 '점점' 녹아 없어지고 있다고 말했습니다.^-^

다 세계의 해석과 이해 ― 몸짓 언어의 이해

▽아빠 : 아빠가 다른 나라를 여행하면서 보디랭귀지를 통해서 의사 소통을 했다고 이야기했죠? 중국에선 필담으로 하고 말이에요.

▽남규 : 보디랭귀지가 뭐예요?

▽아빠 : 가끔 아빠가 잘 모르겠다고 할 때, 어깨를 '으쓱' 하는 것과 같은 몸 동작을 말하는 거예요. 그리고 재영, 남규가 최고라고 할 땐, 아빠가 엄지손가락을 치켜들잖아요? 그와 같은 몸짓 언어를 말해요.^-^

▽엄마 : 당신, 일요일 날 내가 청소하라고 할 때도 그랬잖아요? 그건 또 무슨 의미예요?

▽아빠 : 그건 당신이 잘 알아들었잖소? '미안하지만 너무 힘들다', '그래서 쉬고 싶다', 뭐 이런 뜻으로 말이요. 그래요. 흔히 몸짓 언어라 부르는 제스처도 중요한 의사 소통 방법 가운데 하나지요. 이 제스처는 우리가 외국에 나갔을 때 유용하게 사용할 수 있는 만국 공용어랍니다. 하지만 때로는 뜻하지 않은 사고나 오해를 불러일으킬 수도 있어요.

▽엄마 : 아니, 왜요?

▽아빠 : 당신이 방금 이야기했던 것처럼, 똑같은 어깨를 똑같이 으쓱하는 데도 두 가지 의미가 있었잖소? 이런 제스처가 오해를 불러일으키는 이유는 똑같은 제스처라도 '사람'과 '상황'에 따라서 다르기 때문이라오. 그런데 지역이 다르고 나라가 다르다면 어떻겠소? 지역에 따라서는 정반대의 의미를 가지기도 해요.

▽엄마 : 어떤 것들이 있는데요?

▽아빠 : 뉴질랜드 마오리 족의 인사는 매우 유명해요. 그들은 친근감과 우정을 압축적으로 보여주는 제스처로 인사를 해요. 그런데 그 인사가 유별나죠.^_^ 서로 마주보며 코를 비비는 거예요. 에스키모도 이와 같은 제스처를 사용하지만, 아주 친한 경우에만 그렇게 할 뿐이래요. 대신 이들은 손으로 상대의 머리나 어깨를 힘있게 치면서 인사를 한대요. 그런가 하면 폴리네시아에서는 서로 껴안고 상대의 등을 문지른대요. 아프리카 동부의 일부 부족은 상대의 발에 침을 뱉는 것으로 친근함을 나타내기도 하고.^_^ 좀 심하죠?^_^ 심지어 티베트 사람들은 상대방을 향해 혀를 내밀며 인사함으로써 친밀감을 나타낸대요. '메롱'이 인사가 된다니, 재미있잖아요?

1 '저건 제스처에 불과해'라고 할 때의 의미는 어떤 상황을 이야기하는 것일까요?

2 다음의 내용을 말이나 글이 아니라 완전히 몸짓 언어로만 표현해서 전달해보세요. 그리고 상대방이 제대로 알아들

었는지 확인해보세요?

"사랑합니다!"

"반갑습니다!"

"고맙습니다!"

"미안합니다!"

"안녕하세요?"

"실례합니다!"

"수고하십시오!"

"나는 지금 배가 고픕니다."

"나중에 핸드폰으로 문자 메시지를 보내주세요."

제19강
형식 논리학의 기본 법칙 : 배중률

가 박쥐 이야기

▿아빠 : 남규야, 박쥐 이야기 아니?

▿남규 : 박쥐가 날짐승의 왕인 봉황의 생일날에 자기는 발이 있으니까 길짐승이라며 안 가고, 또 길짐승의 왕인 호랑이 생일날에 자기는 날개가 있으니 날짐승이라며 안 갔다는 얘기 말이죠? ^-^

▿아빠 : 그래, 아주 잘 알고 있구나. 그럼 박쥐는 왜 그랬을까요?

▿남규 : 그거야 박쥐가 게으름을 피워서 그랬죠.

▿재영 : 아니야, 박쥐는 생일 선물 주기가 아까워서 안 갔던

거예요.^_^

▽아빠 : 그래, 너희 둘 다 옳구나.

▽재영 : 아빠, 어떻게 저도 맞고 남규도 맞다고 하세요? 둘 다 옳다고 할 수는 없잖아요?

▽아빠 : 그렇지.^^ 하지만 박쥐가 생일 잔치 때 안 갔던 이유는 선물 주기가 아까워서 그랬을 수도 있고, 게으름을 피워서 그랬을 수도 있지요. 그렇지 않을까요? 그래서 재영이, 남규가 크면서 알아야 될 것은 하기 싫어도 해야만 되는 일이 있고, 하고 싶어도 하지 말아야 할 일이 있는 거예요.^_^

▽재영 : 그건 또 무슨 말씀이세요?

▽아빠 : 재영이는 더 놀고 싶을 때가 있어도 숙제를 해야 되지요? 또 남규도 컴퓨터를 더 하고 싶지만 내일 학교 가기 때문에 아빠가 그만 자라고 할 때가 있지요?

▽재영 : 네.^^

▽남규 : ^1^

▽아빠 : 다시 박쥐 이야기로 돌아가보자. 간에 붙었다 쓸개에 붙었다 하는 박쥐의 이런 행동을 나중에는 숲 속의 모든 짐승들이 알게 되었지요? 그 때문에 박쥐는 다른 동물들 보기가 부끄러워 낮에는 동굴에 숨어 지내다가 밤에만 돌아다니게 되었다는 이야기예요.

▽재영 : 아빠, 그런데 박쥐 이야기에서 길짐승의 왕은 '호랑이'가 아니라 '사자' 아니에요?^_^

▽아빠 : 하하, 그렇구나. 아빠도 물론 알고 있었는데 일부러

그랬어요. 결국 박쥐의 말을 한마디로 정리하면 어떻게 되겠어요?

▿재영 : 나는 날짐승이자 동시에 길짐승이며, 또한 나는 날짐승이 아니거니와 들짐승도 아니다가 되겠죠.

▿아빠 : 그래, 재영이가 잘 알고 있구나. 그렇다면 이미 공부한 논리학의 어떤 법칙을 위반한 것이 될까요?

▿재영 : 창과 방패, 아니 모순율을 위반한 것이지요. 왜냐 하면 짐승은 크게 날짐승과 길짐승으로 구분해놓았는데, 박쥐는 자기가 날짐승이며 동시에 길짐승이라고 했기 때문이에요. 이것은 '나는 남자며 동시에 여자다'의 경우처럼 모순율을 위반한 것이지요.

▿아빠 : 그것뿐일까요?^_^

▿재영 : 박쥐는 자신이 짐승이면서 '날짐승도 아니고 길짐승도 아니다'라고 했어요. 이것은 박쥐가 자신은 짐승이 아니라고 한 것과 같아요. 그래서 이것은 배중률(排中律)을 위반한 것이기도 해요.

▿아빠 : 와아! 재영이 정말로 똑똑하구나. 그래요.^-^ 배중률이란 상호 모순되는 두 가지 판단 가운데 하나가 맞으면 다른 하나는 틀리다는 것이에요. 이것은 중간적인 제3의 판단은 있을 수 없다는 원리이기 때문에 '제3자 배척의 원리'라고도 해요. 이 배중률은 나중에 공부하게 될 선언 판단의 기초가 되는 것이기도 해요.

1 왜 아빠는 밑줄 친 것처럼 대답했을까요?
2 왜 그렇게 생각하지요?
3 과연 아빠의 생각은 맞을까요 틀릴까요? 그 이유는?

나 현명한 대신

▿아빠 : 옛날 어떤 나라에 현명한 신하와 그 신하를 두려워하는 간신(奸臣)이 있었어요. 그런데 이 간신은 현명한 대신을 무서워했어요. 왜 그랬을까요?
▿재영 : 그야 ① 간신이 나쁜 짓을 하기 때문이지요.^_^
▿아빠 : 그래요. 그래서 간신은 현명한 신하를 죽이기로 했대요. 반역죄(反逆罪)의 누명을 씌운 것이지요. 그러나 착한 사람은 하늘도 돕는다고, 이 음모를 현명한 신하는 알게 되었어요. 현명한 대신(大臣)을 존경하는 간신 집 종이 그 사실을 현명한 신하에게 알려주었대요.
▿재영 : 뭐라고 알려주었는데요?
▿아빠 : 임금과 신하들이 지켜보고 있는 가운데 현명한 신하에게 누명을 씌운다는 것이었죠. 그리고 항아리 속에 '생(生)' 자를 쓴 쪽지와 '사(死)' 자를 쓴 쪽지를 넣은 뒤, 현명한 대신이 '생' 자를 뽑으면 살려주고 '사' 자를 뽑으면 죽일 것이라고요. 그런데 간신은 항아리 속에 '생' 자가 쓰인 쪽지는 넣지

'제목 : '

않고 오직 '사' 자만 쓴 쪽지 두 개를 집어넣는데요. 어느 쪽지를 뽑더라도 죽이기 위해서죠. 간신 집의 하인에게서 이런 음모를 들은 현명한 신하는 어떻게 해야 할까요? 자, 이튿날이 밝았고 임금과 여러 신하들이 지켜보는 가운데 마침내 이런 상황이 전개되었어요. <u>② 재영이나 남규라면 이 위기를 어떻게 벗어나겠어요?</u>

▿남규 : 이 항아리 속에는 '사(死)'라고 쓴 쪽지만 있다며 소리치겠어요!^-^

▿재영 : 한 장을 꺼낸 다음, 씹어 삼키겠어요.

▽아빠 : 그럼?^^

▽재영 : 항아리 속에 남은 쪽지 하나를 보면, 현명한 신하가 삼킨 쪽지가 무엇인지 알 수 있겠지요.

▽아빠 : 그래요. 그래서 우둔한 임금과 간신배는 그 현명한 신하를 풀어주었대요.

▽남규 : 왜요?

▽아빠 : ③ 항아리 속에 남은 쪽지는 '사(死)' 자니까, 삼킨 쪽지는 당연히 '생(生)' 자가 적힌 쪽지라고 모두 생각하였기 때문이죠.

1 밑줄 친 ①처럼 간신이 하는 나쁜 짓들에는 어떤 것들이 있을까요?

2 밑줄 친 ②처럼, 여러분이라면 어떻게 하겠습니까?

3 밑줄 친 ③의 내용을 어떻게 알 수 있을까요? 그리고 간신이 현명한 대신을 풀어줄 수밖에 없었던 이유는 무엇 때문이었을까요?

다 세계의 해석과 이해
—외국인이 오해할 한국인의 습관

(1) 한국인들은 꾸중을 들을 때 연장자의 눈을 똑바로 보는

것은 예의에 어긋난다고 생각합니다.^_^

➡ 미국인들은 이런 경우, 상대방의 눈을 똑바로 보지 못하는 사람은 상대방에 대한 존경심이 없을 뿐 아니라 정직하지 못한 사람이라고 생각합니다.^_^

(2) 한국인들은 주의를 끌기 위해 '실례합니다'라는 말 대신에 상대방의 옷자락을 잡아끄는 경우가 있습니다.^_^

➡ 미국인들에게는 이런 행동이 자신만의 '영역'을 침해하는 매우 무례한 행동으로 여겨질 수도 있습니다.^_^

(3) 한국인들, 특히 한국 여성들은 동성(同性)의 손을 잡는 것을 지극히 자연스러운 행동으로 생각합니다.^_^

➡ 그러나 미국인들은 동성애자로 오해할 수도 있습니다.^_^

(4) 한국 사람들은 흔히 자신이 마시던 잔으로 상대방에게 술을 권하곤 합니다. 그것은 상대방에 대한 진실한 우정의 표현이라고 생각합니다.^_^

➡ 미국인들은 어릴 때부터 다른 사람이 마시던 잔으로 음료를 마시는 것은 비위생적이며 해서는 안 되는 행동이라고 배웁니다.^_^

제20강

형식 논리학의 기본 법칙 : 충족이유율

가 나는 어떻게 태어났을까?

▿아빠 : 남규는 어떻게 해서 세상에 태어났을까요?
▿남규 : 그거야 아빠와 엄마가 사랑을 해서 태어난 거죠.^^
▿아빠 : 그럼 아빠와 엄마는 어떻게 태어난 것일까?
▿남규 : 엄마는 외할아버지와 외할머니, 아빠는 할아버지와 할머니가 사랑하셔서 태어난 거지요.
▿아빠 : 그럼 남규는 왜 잠을 자고 밥을 먹어요?
▿남규 : 졸리니까 잠을 자고, 배가 고프니까 밥을 먹지요. 사람이 자지 않고 먹지 않고 어떻게 살아요.^_^
▿아빠 : 그렇구나. 아빠가 너무 쉬운 것을 물어보았구나. 지금

남규가 이야기한 것처럼 이 세상 모든 일들은 그 어떤 원인이 있는 거군요.^_^ 그리고 그 결과로서 어떤 사물이 존재하는 것이고요.

오늘 공부할 논리학의 법칙인 충족이유율(充足理由律)이 바로 그런 것이에요. 세상 모든 사물과 사건은 '원인'과 '결과'로 이루어졌다는 것이지요. 이것을 '인과적 연관'이라고 해요. 인과(因果)란 원인(原因)의 '인(因)'과 결과(結果)의 '과(果)'를 따서 만든 말이지요.^_^ 그것을 법칙으로 정리한 것이 인과율(因果律)이고요. 그리고 연관은 관련과 마차가지 의미예요. 원인과 결과로 관련지어졌다는 것이 인과적 연관이지요. 마치 낮에는 해가 떠서 환하고, 밤에는 해가 져서 어두운 것처럼 말이에요.^_^

▿남규 : 예.

▿아빠 : '해가 뜨고 진다'는 앞의 현상은, '날이 밝아오고 어두워진다'는 나중의 것의 원인이지요? 그리고 날이 밝아오고 어두워진다는 현상은 해가 뜨고 진다는 현상의 결과이기도 하고요.^-^ 이처럼, 이 세상 모든 사물과 현상은 고정적이거나 고립된 것이 아니라 보편적 연관을 가지고 있어요. 모두 원인과 결과로 이루어져 있다는 것이지요.

오늘 공부할 충족이유율에는 '생성의 충족이유율', '인식의 충족이유율', '존재의 충족이유율', '행위의 충족이유율'이 있어요.

▿남규 : 아빠, 너무 어려워요.

▿아빠 : 그렇구나.^^ 하지만 사람은 전에도 이야기했지만, 하기 싫어도 해야 할 때가 있고, 하고 싶어도 하지 못할 때가 있단다.^_^ 오늘은 공부하기 싫어도 공부해야만 할 때란다. 남규가 모처럼 공부하려고 하는데 너무 어려운 부분이구나. 어쩌지?

▿재영 : 생성의 충족이유율이 뭐예요?

▿아빠 : 자연계의 생성(生成)과 변화(變化)에는 충분한 이유(원인)가 있어야 한다는 원리를 말해요. 이것은 원인과 결과의 관계로 된 인과율을 말하는 것이지요.^_^

▿남규 : 인식의 충족이유율이란 것은요?

▿아빠 : 인식(認識)이란 '무엇이 어떠한 상태 또는 그 성질이 어떠하다는 것을 아는 것'을 말하는 거예요. 그런데 우리가 무엇을 알기 위해서는 충분한 이유(원인)가 있어야겠지요? 그것이 무엇일까요? 그래요. 남규의 '정신'과 남규에게 비친 '사물(대상)'이 있어야겠지요? 남규의 정신을 인식의 '주체'라 하고 남규에게 비친 대상을 인식의 '객체'라 해요.^_^ 따라서 이 세상은 크게 둘로 나눌 수 있어요. 인식의 주체와 인식의 객체로 말이지요. 알겠어요?

▿재영 : 네, 그러니까 창영초등학교가 어디에 있는지, 제가 몇 학년인지, 아빠가 누구인지 아는 것이 인식의 주체인 정신이고, 그 정신에 알려지는 '창영초등학교'가 인식의 객체라는 것이지요?

▿아빠 : 그래요. 재영이가 똑똑하구나. 맞아요.^^ 그런데 재영

아, 우리는 날씨가 춥다, 덥다를 어떻게 알지요?

▿재영 : 그거야 몸이 춥거나 더운 걸로 알 수 있잖아요? ^^

▿남규 : 온도계를 보면 알 수 있잖아요? 오늘 날씨가 추운지 더운지 …….

▿아빠 : 남규가 이야기를 잘 했네요.^_^ 우리는 온도계의 수은을 보고 온도가 몇 도인지 또는 날씨가 더운지 추운지 알 수 있지요?*^-^*

▿재영 : …… 예, 그렇지요.

▿아빠 : 이것을 인식의 충족이유율이라고 해요.*^-^* 그러나 실제로는 어때요? 기온이 높거나 낮은 것을 이유로 온도계의 수은이 올라가거나 내려가는 것이지요.^_^ 다시 말해서, 온도계의 수은이 올라갔거나 내려갔다고 해서 기온이 높아지거나 낮아지는 것이 아니지요?

▿남규 : …… 예, 그렇지요.

▿아빠 : ^_^;; 그래, 남규가 잘 대답했구나! 본래 온도계의 눈금은 자연의 온도가 올라가면 올라가고, 내려가면 내려가는 것이지요. 이것이 자연의 충족이유율이라고 해요. …… 그래서 자연의 충족이유율과 인식의 충족이유율이 반대 현상으로 나타나는 경우가 있어요.^^

▿재영 : 존재의 충족이유율은 어떤 것이에요?

▿아빠 : 그것은 간단해요. 남규가 존재하려면 남규는 현재 살아 있고, 이 '창영초등학교'에 다니고 있어야 하지요? 이처럼 어떤 사물이 존재하려면 시간과 공간이라는 존재의 충분한

이유가 있어야 한다는 것이 존재의 충족이유율이에요. 남규가 '현재' 살아 있다는 시간과 '창영초등학교'라는 공간의 확보가 있어야 한다는 원리를 말하는 것이에요.

▽남규 : 행위의 충족이유율이 뭔지는 제가 알겠어요.^^ 행위의 충족이유율은 우리가 어떤 행동을 하려면 충분한 원인과 이유가 있어야 한다는 것을 말해요. 제가 밥을 먹는 것은 배가 고파서이고, 학교를 가는 것은 공부하고 놀기 위해서 가는 것이지요.^^

▽아빠 : 남규는 학교를 놀기 위해서 가니?^-^

▽남규 : 그럼요. 친구들이 모두 학교에 다니잖아요. 어쨌든 우리가 어떤 행위를 할 때는 그 행동에는 충분한 이유가 있어야 한다는 것이 행위의 충족이유율이에요. 맞죠?

▽아빠 : 정말 똑똑하구나. 어이구, 내 새끼!^^

나 나의 하루

나는 오늘 다섯 시 50분에 일어났습니다. 그리고는 일단 화장실에 갔고, 화장실에 갔다와서는 명상(冥想)을 하였습니다. 명상을 하기 전에는 기(氣) 체조를 합니다. 그리고 기(氣) 세수를 하는데, 먼저 손바닥을 비비고 이어 얼굴과 목을 비빈 손바닥으로 마사지하듯이 세수를 합니다. 귀를 정성스럽게

천천히 비비고 일어서서는 스트레칭을 합니다. 그리고 정좌(正坐)해서는 명상에 들어갑니다.

그 다음에는 오늘 해야 할 일에 대해서 잠시 생각합니다. 오늘 학교에서는 학생들에게 논리학 수업에 나오는 '충족이유율'을 설명해주어야 하고, 재영이와 남규 그리고 사랑하는 아내 강미정 씨와 오랜만에 외식도 해야 할 것 같습니다. 그동안 바쁘다는 핑계로, 맞벌이한다는 이유로, 가족과 함께 보낸 시간이 너무 부족했기 때문입니다. 아이들이 좋아하는 만화 영화 비디오도 한 편 빌려보아야겠습니다.^^

그리고 어머님께 안부 전화도 드려야겠습니다. 아버님이 돌아가신 뒤 어머님은 아버님과 함께 사셨던 교문리 집에서 동생 내외와 함께 살고 계신데 ……. 산다는 게 뭔지, 점점 불효자가 되어가는 느낌입니다. 이번 주말에는 어머님을 모시고 나들이라도 가야겠습니다.

이런저런 생각과 계획을 세운 뒤 나는 아침 식사를 합니다. 그리고 학교에 출근합니다. 출근해서 제일 먼저 하는 일은 컴퓨터를 켜고 이메일을 확인하는 일입니다. 내가 잠자고 있었던 지난 밤 사이에 무슨 사연이 도착했는지, 또 세상에 무슨 일이 벌어졌는지, 벌어졌다면 나는 어떻게 행동해야 할지를 판단하고 모색해야 하기 때문입니다.

필리핀으로 이민 간 친구 진용이에게서 이메일이 왔습니다. 올 9월에 한국에 사업차 들어온다고 합니다. 그리고 한국에 홀로 남으신 어머님이 외로우실 테니 친구들이 좀 찾아가

뵙고 인사라도 드려주었으면 좋겠다는 부탁도 하였습니다.

이 세상은 홀로 사는 것이 아닌데 ……, 사람 인(人) 자를 보더라도 사람은 홀로 설 수 없으며 서로 관계 맺음을 통해서 살아야 한다는 것을 알 수 있는데 ……, 사회 속에서만 인간일 수 있다는 피히테♠의 말을 들먹이지 않아도 누구나 알 수 있듯이, 인간은 사회적 동물일진대 ……, 나는 그동안 나를 알고 사랑해주는 사람들에게 너무도 무심했구나 하는 반성을 하며, 친구 진용에게 어머님은 걱정하지 말고 자신의 있는 자리에서 서로 최선을 다하자며 답장을 썼습니다.

학생들에게 부끄럽지 않으려고 열심히 공부하고 연구한 다음 네 시간의 수업을 마쳤습니다. 퇴근하려고 하는데, '퇴근길! 삼겹살에 소주 한잔. 아! 이것마저 없다면!'이라는 문자 메시지가 왔습니다. 무슨 일인가 하고 정현구 선생님께 전화를 해보니, 소주 한잔하자는 이야기였습니다.

흔쾌히 응한 나는 여러 선생님들과 세상사는 이야기를 나누며 행복한 만남의 자리를 가졌습니다.

1 다음의 글을 읽고 괄호에 알맞은 논리학의 원리(규칙)를 써보십시오.

➡ 사유 과정 중에서 판단의 명확성과 일관성을 규정짓는 것

♠ 피히테(Fichte, Johann Gottlieb : 1762~1814) : 독일의 철학자이자 독일 관념론의 대표하는 사람이기도 합니다. 주요 저서에는『모든 계시의 비판 시도』(1792),『독일 국민에게 고함』(1807~1808) 등이 있습니다.

이 (①)입니다. 그리고 이때 모순 관계의 참과 거짓을 설정함으로써 반대 관계가 될 수 있는 다른 판단을 제거하는 것이 (②)이며, 모순율을 뒷받침하여 제3의 판단을 억제하는 것이 (③)입니다. 그런데 이 모든 논증 과정에는 인과성을 바탕에 둔 충분한 논거가 마련되어야 하는데 이를 (④)이라 합니다.

2 이 이야기에서 나타난 여러 가지 나의 행동과 그 이유를 모두 밝혀보십시오.

3 여러분도 '나의 하루'란 제목으로 글을 써보세요.

다 세계의 해석과 이해
—한국인이 오해할 외국인의 습관

(1) 미국인들은 상대방의 주목을 끌기 위해 흔히 손가락질을 합니다.

➡ 이는 한국에서는 매우 무례한 행동입니다.^_^

(2) 미국인들은 연장자에게도 한 손으로 물건을 주고 한 손으로 받습니다.

➡ 한국인들에게 이것은 무례한 행동이며, 한국인들은 보통 두 손으로 물건을 주고받습니다. 그리고 이것은 상대를 존중한다는 뜻을 나타내기 위한 것이기 때문에 상대방이 연장자일 경우에는 반드시 그렇게 해야 합니다.^_^

(3) 미국인들은 사교적인 자리에서 습관적으로 코를 풉니다.
➡ 한국에서는 앞에 있는 사람들을 향해 코를 푼다면 그것은 아주 무례한 행동입니다.^_^
(4) 나이의 많고 적음을 떠나서 미국인들은 연장자의 '이름'을 직접 부릅니다. 특히 사업상의 모임이나 사교적인 자리에서 이름을 부른다는 것은 서로 믿고 도울 수 있는 친숙한 관계라는 것을 나타내기 때문에 더욱 그렇습니다.
➡ 한국인들은 아주 가까운 사이가 아닌 경우 이름을 부르는 것은 무례한 행동이며, 특히 연장자의 존함은 함부로 부르지 않습니다. 그리고 상대의 성(姓)에 직함을 붙여주는 것이 자연스러운 예의입니다.^_^
(5) 미국에서는 사람의 이름을 쓸 때 어떤 색깔의 펜으로 쓰든 문제가 되지 않으며, 빨간색은 교사들이 흔히 사용하는 색입니다.
➡ 한국에서는 죽은 사람의 이름을 쓸 때만 빨간색으로 씁니다.

가족과 함께 떠나는 논리 여행

논리와 생각

차 례

가족과 함께 떠나는 논리 여행

논리와 대화

차 례

□ **이수석**

성균관대학교 철학과를 졸업한 뒤, 한국교원대학교 교육대학원 국민윤리학과에서 철학교육을 전공하였으며, 지금은 인천 동산고등학교에서 '철학 교사'로 재직하고 있다. 그동안 학생들과 함께 수업해온 '논리학'에 대한 자료들을 한데 묶어 1999년에 『논리학 수업, 어떻게 할 것인가?』(내일을 여는 책)라는 제목으로 출간하였으며, 일선 교육 현장에서 '철학' 교육을 진행하면서 생생하게 경험한 임상 사례와 다양한 교육 체험을 바탕으로 하여, 이 시대의 고등학생들에게 필요한 '재미있는 철학 교재'를 연구하고 개발하는 데 힘을 쏟고 있다. 『재미있는 철학 수업① ②』, 『클릭! 재미있는 논리학 수업』 같은 책을 계속해서 펴냈다.

가족과 함께 떠나는 논리 여행

논리와 문화

초판 1쇄 인쇄 / 2003년 11월 5일
초판 1쇄 발행 / 2003년 11월 10일

■

지은이 / 이 수 석
펴낸이 / 전 춘 호
펴낸곳 / 철학과현실사
서울특별시 서초구 양재동 338의 10호
전화 579—5908~9

■

등록일자 / 1987년 12월 15일(등록번호 : 제1—583호)

■

ISBN 89-7775-456-9 03170
*잘못된 책은 바꾸어 드립니다.

값 8,000원